Opanowanie wpływu – mroczne sekrety perswazji i kontroli umysłu

Opanowanie wpływu – Mroczne sekrety perswazji i kontroli umysłu

I J. Nayak

Indie
2023

ZAWARTOŚĆ

Język i myśl są ze sobą nierozerwalnie powiązane. Platon, starożytny grecki filozof, zasugerował, że rzeczywistości doświadczamy jedynie poprzez język; Wilhelm von Humboldt uważał język za podstawę myślenia; idee te zostały sformalizowane w hipotezie Sapira-Whorfa, która głosi, że struktura języka wpływa na sposób myślenia osób mówiących; wyraźnym przykładem jest to, jak liczba słów dostępnych do rozróżniania kolorów wpływa na to, jak osoby mówiące postrzegają kolory – ta koncepcja, zgodnie z którą ograniczone słowa ograniczają i kierują wyborami poznawczymi, jest czymś, co wpływowi manipulanci wykorzystują na swoją korzyść, prowadząc ich tą ścieżką myślenia, jest kluczowa i powszechnie przyjęta z biegiem czasu także przez filozofów takich jak Humboldt.

Dziewiętnaście osiemdziesiąt cztery George'a Orwella było wpływową książką, w której zwrócono uwagę na faszystowskie ciała zarządzające, które stosują strategie retoryczne w ramach swoich rządów i działają z siłą manipulacyjną na równi z każdym egocentrycznym narcyzem lub beznamiętnym socjopatą. Tej książki nadal uczy się w amerykańskich szkołach, a jednym z jej największych efektów było odkrycie, w jaki sposób zachodzi manipulacja językiem; w szczególności poprzez wprowadzenie nowomowy jako preferowanego języka rządowego. Nowomowa umożliwia władzom zmianę podstawowych pojęć i naszego postrzegania rzeczywistości poprzez ograniczenie użycia języka. Osoby korzystające z niego dostrzegają jedynie pewne sprawy, zaniedbując lub nie przetwarzając wszystkiego, co mogłoby zostać uznane za niewłaściwe. Krótko mówiąc, Nowomowa definiuje rzeczywistość swoich obywateli poprzez ograniczenie języka. Co więcej, indywidualność staje się prawie niemożliwa, gdy język ogranicza możliwości mowy w zakresie wyrażania siebie - na przykład przymiotniki są upraszczane do niekorzystnych przymiotników, które uniemożliwiają jednostkom wyrażanie zniuansowanych myśli na temat czegokolwiek poza ich zakresem zrozumienia i uniemożliwiają swobodne wyrażanie zniuansowanych myśli. Pozwala to rządowi na przedefiniowanie rzeczywistości postrzeganej przez swoich poddanych za pomocą wąskich definicji, które ograniczają możliwości wyboru w zakresie wyrażania siebie – podobnie jak partie polityczne często ograniczają możliwości wypowiadania się, ograniczając możliwości przeformułowania rzeczywistości dla wszystkich zainteresowanych.
Używają słów, aby stworzyć spolaryzowane myślenie i dodać warstwy interpretacji do samych słów, na przykład nazywając spotkania seksualne „przestępstwem na tle seksualnym". Drugą stroną medalu są obozy pracy przymusowej zwane „obozami radości", które sugerują pozytywne cechy tego, co w przeciwnym razie powinno być negatywnym doświadczeniem – a wszystko to ma na celu zapewnienie posłuszeństwa. Taktyka ta rozciąga się również na oddziały rządowe nazwane w tym celu:

Ministerstwo Miłości egzekwuje prawa i nakłada kary, podczas gdy Ministerstwo Pokoju prowadzi wojnę, podczas gdy Ministerstwo Prawdy działa jako ramię propagandowe dla swoich odpowiednich oddziałów, zapewniając im wiarygodność w swoich szeregach.

Istnieje wiele przykładów urzędników państwowych wykorzystujących strategie przeformułowania na swoją korzyść. Podczas wyborów prezydenckich w USA w 2016 r. kandydat Donald Trump trafił na pierwsze strony gazet, gdy na nowo zdefiniował „fałszywe wiadomości" – określenie zwykle stosowane w odniesieniu do witryn rozpowszechniających fałszywe historie w mediach społecznościowych i zamiast tego odnosiło się do rzeczywistych źródeł wiadomości głównego nurtu. Zmiana nazwy rzeczywistych źródeł wiadomości na fałszywe wiadomości z pewnością miała konotacje nowomowy. Kiedy aktorzy polityczni używają sloganów lub sloganów, które gloryfikują ich stronę lub oczerniają inną, ich próby manipulacji retorycznej wykorzystują techniki propagandowe, próbując ograniczyć wybory poznawcze wśród ich odbiorców i próbując ograniczyć wybory poznawcze udostępniane przez ich członków.

Do czego można wykorzystać te narzędzia w związku lub miejscu pracy? Widzieliśmy już przykłady w naszej serii Bóg, diabeł i charyzma. Wybory retoryczne mogą ujawnić odpowiedź, która pozostaje niewypowiedziana.

Socjopaci, psychopaci, narcyzi i podobne dewiacyjne typy osobowości stosują wiele taktyk językowych, aby zyskać przewagę we wszelkich negocjacjach, jakie prowadzą ze swoimi ofiarami. Będą próbować zmylić, zdezorientować lub w inny sposób sfrustrować swoje cele, aby przejąć nad nimi kontrolę – jedną z stosowanych taktyk jest manipulacja językowa – dlatego warto przejrzeć niektóre z typowych doborów słów i ram retorycznych tych manipulujących osobowości z naszej wcześniejszej dyskusji; skupimy się także na tym, jak te taktyki mogą się sprawdzić w rzeczywistych sytuacjach z udziałem ofiar, omawiając możliwe strategie rozwiązania sytuacji, gdy spotykamy osobę podobną, która stosuje manipulację językową wobec innej ofiary – skupimy się na omówieniu, jak to może wyglądać; ogólnie omówimy, jak skuteczna ta taktyka może zadziałać przeciwko nam, wszystkim zaangażowanym stronom; Techniki komunikacji często stosowane w relacjach międzyludzkich mogą mieć także zastosowanie w sytuacjach biznesowych.

Zacznij tutaj, aby zrozumieć niektóre kluczowe zwroty używane przez socjopatów – tych o osobowości oderwanej emocjonalnie, zdolnych do beznamiętnego realizowania własnych interesów ze szkodą dla innych, często oskarżających swoich przeciwników o przesadę – podczas omawiania z nimi sytuacji. Zarówno socjopaci, jak i psychopaci często używają takich wyrażeń, aby odwrócić uwagę od jakiegokolwiek problemu lub sytuacji i zrzucić ciężar na samą ofiarę, co prowadzi ich do myślenia, że to, co było uciążliwe, nie było tak naprawdę poważnym problemem. . Socjopaci często stosują tę taktykę jako skuteczny sposób szybkiego zakończenia rozmowy i unieważnienia uczuć swoich celów. Alternatywna forma unieważnienia polega na powiedzeniu ofierze, że zachowuje się śmiesznie; inna forma odrzucenia z bardziej ukrytym osądem. Nie tylko się mylisz lub reagujesz przesadnie; zachowujesz się także nielogicznie – w kilku słowach można powiedzieć wiele!

Psychopaci stosują podobną taktykę, z niewielkimi modyfikacjami. Psychopaci mogą oskarżyć Cię o „nadmierną analizę", skuteczną strategię stosowaną w celu szybkiej destabilizacji sytuacji. Psychotycy często próbują zmylić swoje cele, sugerując, że mogą oszaleć lub stracić przytomność. Kiedy odpowiesz na takie próby, po prostu zamkną sprawę, oskarżając Cię o przesadną analizę – a wszystko to ma na celu skłonić Cię do zastanowienia się, czy Twoje założenia rzeczywiście we wszystkim były słuszne. Psychotycy mogą się wycofać, oskarżając Cię o stworzenie „dramatu". Ponownie, ta taktyka służy do odwrócenia sytuacji. Nawet jeśli Twoje poczucie niesprawiedliwości jest uzasadnione, przeformułują je jako coś niezgodnego z rzeczywistością i spróbują zdyskredytować je w ramach argumentacji. Psychotycy są ekspertami w zapalaniu gazu – coraz bardziej rozpowszechnionej technice. Obie poprzednie techniki dotykają tego zagadnienia; ale przy pełnym zapaleniu gazu psychopata będzie twierdził, że nigdy nie powiedział tego, co wiesz, że powiedział; biorąc pod uwagę, że psychopaci są zdolni do złożonych zachowań, mogliby nawet tego dokonać skuteczniej, niż ktokolwiek z nas by sobie tego życzył!
Subtelne oszukiwanie siebie i innych, aby uwierzyli w ich fałszywe twierdzenia, często wystarczy, aby wywołać falę uderzeniową wśród ofiar i sprawić, że zwątpią we własne zmysły, a może nawet w swoje zdrowie psychiczne.

Narcyzi będą używać wyrażeń takich jak „Nigdy wcześniej tego nie czułem", aby wyolbrzymić powiązania między sobą a swoimi ofiarami, a jednocześnie użyją tego, aby zapewnić im przyszłą kontrolę i współzależną uwagę. Ta taktyka nie tylko sprawia, że ofiara czuje się dobrze ze sobą, ale jest to jedynie krok w kierunku dalszej kontroli i współzależności w przyszłych związkach. Narcyzi często projektują swoje słabości na najbliższe im osoby i stosują tę taktykę, gdy sprawy nie układają się po ich myśli – w tym przypadku może to oznaczać oskarżenie partnera o paranoję lub kontrolowanie. Kiedy sprawy nie układają się zgodnie z planem, wykorzystują takie oskarżenia pod adresem partnera, aby wywrzeć na nim nacisk – jest to przykład projekcji. Narcyzi sami mają tendencję do kontrolowania się i popadania w paranoję; projektując te cechy na innych, mogą poczuć się lepiej, destabilizując jednocześnie partnera. Inna taktyka może sugerować, że ten manipulator nigdy nie spotkał się z takim problemem u nikogo innego; pomaga to zmienić podejście i sprawić, że tylko Ty będziesz odpowiedzialny.

W każdym z powyższych przykładów przeformułowanie retoryczne może również obejmować język, który popchnie twoją argumentację w tę czy inną stronę - słowa takie jak śmieszny, paranoiczny i dramat mogą mieć większe znaczenie, niż zdajesz sobie sprawę. Intelektualnie możesz wiedzieć, że to nieprawda, ale oskarżenie o tworzenie dramatów, gdy w rzeczywistości jesteś zdenerwowany, jest trudne do zwalczenia. Rozszerzenie tych technik na inne scenariusze powinno okazać się skuteczne. W pracy każdy współpracownik lub menedżer, który złoży uzasadnioną skargę na pracownika z jedną z tych dewiacji osobowości, może z łatwością przyjąć, że jego skarga zostanie przeformułowana na paranoję lub mikrozarządzanie lub stwierdzenie: „Robię tę pracę od lat i wcześniej nie słyszałem takich skarg", dając tym samym do zrozumienia, że problemem mogą być same skargi.

Są to typowe przykłady tego, jak socjopaci, psychopaci i narcyzi używają języka do manipulacji. Chociaż poszczególne słowa mogą się różnić w zależności od tego, kto mówi.
W dowolnej sytuacji przykłady te pokazują, jak potężne jednostki używają strategii opartych na języku, aby zyskać przewagę w różnych sytuacjach.
Komunikacja jest narzędziem
Jak każde narzędzie, komunikacja może być wykorzystywana do różnych celów. Młotek ma jedno główne zastosowanie – wbijanie gwoździ w ściany; końcówka z pazurem pełni dodatkową funkcję - wyciągania gwoździ. Te dwie funkcje narzędzi współdziałają ze sobą, a często głównym celem, do jakiego zostały przeznaczone, są projekty budowlane. Młotek może być również użyty w sposób destrukcyjny – rozbijanie okien lub uderzanie kogoś w głowę jako broń to możliwe opcje – chociaż nie jest to pierwotnie zamierzone, ale jego funkcja po prostu zmienia się w zależności od tego, kto go używa.

Niektórzy mogą zapytać, kiedy komunikacja przechodzi w manipulację, tak jakby komunikacja istniała w widmie. Po prostu nie tak działa komunikacja! Komunikacja nie zmienia się automatycznie w manipulację, jeśli posunie się za daleko w jednym kierunku – raczej służy jako narzędzie mające na celu wywieranie wpływu. Każda skuteczna komunikacja, szczególnie formalne dialogi, opiera się na narzędziach retorycznych. Bez względu na to, ilu lub jakich zatrudnisz, aby osiągnąć wyznaczone sobie cele komunikacyjne, ich użycie nie sprawi, że będziesz postrzegany jako manipulator. Skuteczna komunikacja zmierzająca do pozytywnych lub altruistycznych celów jest właśnie taka: skuteczna. Rozumieli to Grecy, uznając skuteczną argumentację za wyznacznik prawdy. Jeśli sprzedawca lub lekarz szanuje Twoje życzenia i działa z myślą o nich, ich argumenty nie będą równoznaczne z manipulacją. Nawet jeśli przekonają Cię do poddania się operacji ratującej życie pomimo obaw związanych z operacją, pod warunkiem, że ich argumenty za nią zostaną przedstawione uczciwie.

Jeśli zatem manipulacja nie zależy od stopni, kiedy komunikacja przekształca się w manipulację? Odpowiedź leży w motywacji – można to porównać do użycia młotka jako przykładu: użyty w innym celu staje się ofensywnym narzędziem lub bronią. Komunikacja działa podobnie. Manipulacja nie występuje na pewnym progu stosowanych technik i efektywności ich stosowania; manipulacja ma raczej miejsce, gdy jest stosowana w sposób nieuczciwy w celu oszukania lub wspierania programu, który zagraża celowi komunikacji. Tak jak komunikacja może być zarówno skuteczna, jak i nieskuteczna, podobnie może być z manipulacją. Niektórzy ludzie są w tym po prostu nieskuteczni, a niektórzy odbiorcy nabrali wprawy w rozpoznawaniu tego. Jeśli ktoś podchodzi do ciebie na ulicy, próbując manipulować, i nie przekonuje cię, że jest inaczej, po prostu unikaj go, odchodząc; czy to znaczy, że nie próbowali? NIE! Oszust nie był prostą komunikacją ani uczciwą perswazją – raczej próbował manipulować, ale zakończył się niepowodzeniem. Czasami użycie identycznych technik perswazji lub manipulacji wymaga jedynie zmiany jednej zmiennej: motywu mówiącego. W innych przypadkach same techniki mogą mieć charakter manipulacyjny; takie jak te, które omówiliśmy w ostatniej sekcji. Każda forma oszustwa lub manipulacji jest z natury manipulacją. Nawet jeśli twoje intencje byłyby dobre, nawet stosując uczciwą i skuteczną taktykę, nadal na pewnym poziomie angażowałbyś się w manipulację. Czasami możesz mieć na myśli jakąś formę pozytywnego wyniku; jednakże twoja gotowość do kłamstwa ujawnia ukryty motyw. Chęć wprowadzenia w błąd sama w sobie jest ukrytym motywem. Może to być skomplikowane, więc powiedzmy sobie wprost: jeśli motywacja wyniku i taktyka są pozytywne i uczciwe, możemy zaklasyfikować Twoją komunikację jako perswazję. Za każdym razem, gdy pragniesz wyrządzić sobie krzywdę lub wyprzedzić cel, wprowadzić w błąd lub w jakikolwiek sposób postępować nieuczciwie w komunikacji, bądź też postępować nieuczciwie w komunikacji, osiąga to próg, który można określić jako manipulację.

Zanim omówimy, jak działa mroczna psychologia i jej metody przeciwko tobie, istotne jest, abyśmy najpierw dokładnie zrozumieli, na czym polega ta forma psychologii. Psychologia, czyli zrozumienie, jak funkcjonuje ludzki umysł, odgrywa zasadniczą część codziennego życia – od reklamy i finansów, przestępczości i religii, a nawet nienawiści po miłość; pokazując w ten sposób, dlaczego zrozumienie jej zasad ma taką władzę nad wpływem człowieka.

Psychologia może być trudnym przedsięwzięciem, co wyjaśnia, dlaczego większości ludzi brakuje tej umiejętności. Uczenie się wszystkich różnych zasad nie jest konieczne – po prostu zacznij od tych lekcji, aby uzyskać solidną bazę, na której możesz budować. Kluczem jest dokładne czytanie ludzi, zrozumienie, co ich motywuje i ich reakcje w nieoczekiwany sposób. Nawet wtedy konieczne może być uczęszczanie na zajęcia i czytanie niezliczonych książek, aby uzyskać pełne zrozumienie – w zależności od tego, jak daleko sięga twoje zrozumienie.

Dlaczego więc zrozumienie psychologii i psychologii człowieka jest tak istotne? Ponieważ ci, którzy wiedzą więcej, mogą użyć tej mocy przeciwko tobie.

Jak dzisiaj wykorzystuje się mroczną psychologię?

Podczas gdy niektórzy mogą stosować taktyki ciemnej psychologii z zamiarem wyrządzenia krzywdy swojej ofierze, inni mogą stosować te strategie bez manipulowania nikim w jakikolwiek negatywny sposób. Niektóre z tych strategii zostały po raz pierwszy spopularyzowane podczas I wojny światowej. Nieświadomie lub celowo nasz zestaw narzędzi rozszerzył się za pomocą różnych środków, takich jak:

* Jako dziecko prawdopodobnie obserwowałeś, jak zachowują się dorośli, zwłaszcza ci bliscy.

* Jako nastolatek Twój umysł poszerzył się w zakresie rozumienia otaczających Cię zachowań.

* Byłeś w stanie obserwować, jak inni stosowali, a następnie skutecznie stosowali określoną taktykę.

* Na początku Twoja taktyka mogła być przypadkowa; ale gdy tylko zaczną pracować nad osiągnięciem pożądanych celów, staną się częścią Twojej zamierzonej strategii.

* Politycy, mówcy i sprzedawcy mogli zostać przeszkoleni w zakresie tej taktyki, aby osiągnąć zamierzone cele.

Taktyki ciemnej psychologii stosowane codziennie

* Powódź miłości: Powódź miłości odnosi się do dowolnej formy namawiania ludzi, aby spełnili Twoją prośbę. Na przykład, jeśli potrzebujesz czyjejś pomocy w przeniesieniu niektórych rzeczy do domu, powódź miłości może sprawić, że ta osoba poczuje się dobrze, mogąc pomóc – zwiększając szanse, że się zastosuje. Mroczni manipulatorzy mogą w ten sposób używać zalewu miłości, aby poczuć przywiązanie lub podjąć działania, których normalnie by nie zrobili.

* Kłamstwo: Kłamstwo może odnosić się do przedstawiania ofierze fałszywych lub upiększonych wersji wydarzeń w celu osiągnięcia tego, czego pragniesz. Kłamstwo może polegać na mówieniu tylko części prawdy lub składaniu przesadnych twierdzeń w celu osiągnięcia pożądanych rezultatów.

* Odmowa miłości: Forma manipulacji, która może sprawić, że ofiara poczuje się zagubiona i opuszczona przez manipulatora, polega na wstrzymywaniu uczuć lub miłości do czasu, aż uzyskasz od niej pożądane rezultaty.

* Wycofanie się: Kiedy to nastąpi, ofiara zostaje albo potraktowana w milczeniu, albo unikana, dopóki nie zaspokoi potrzeb innej osoby.

* Ograniczające wybory: Manipulator może zapewnić ofierze dostęp do niektórych wyborów, aby odwrócić jej uwagę od dokonywania wyborów, których nie chce.

* Manipulacja semantyczna: W tej taktyce manipulator używa słów o powszechnie rozumianych definicjach, aby zmylić ofiarę podczas rozmowy, a następnie ujawnić, że używając tego słowa miał na myśli coś innego; często zmienia to całą definicję i może spowodować postęp pożądanej rozmowy, nawet jeśli ofiara mogła zostać oszukana.

* Psychologia odwrotna: Psychologia odwrócona ma miejsce, gdy manipulujesz kimś, aby wykonał jedno działanie tylko po to, aby ten zareagował w drugą stronę, doskonale wiedząc, że tego właśnie chciał manipulator przez cały czas.

Kto celowo zastosuje mroczną taktykę?

Wiele różnych osób może zastosować przeciwko tobie taktykę mrocznej psychologii, która może obejmować taktyki takie jak te opisane tutaj. Ponieważ ci ludzie mogą próbować zastosować tę mroczną taktykę przeciwko Tobie, niezwykle ważne jest, abyś nauczył się rozpoznawać ich podejście i trzymać się od nich z daleka. Potencjalne źródła obejmują:

Narcyzi: Osoby posiadające przesadne poczucie własnej wartości często chcą, aby inni również wierzyli, że są lepsi. Aby zaspokoić to pragnienie, mogą używać technik perswazji i ciemnej psychologii, aby osiągnąć to, co uważają za pełen uwielbienia podziw ze strony wszystkich, z którymi się spotykają.
* Socjopaci: Socjopaci mają imponujący arsenał czarujących, inteligentnych i przekonujących cech; ale postępuj w ten sposób tylko wtedy, gdy jest to konieczne, aby uzyskać to, czego chcą. Asocjatywizm oznacza, że brakuje im emocji, które pozwoliłyby im poczuć poczucie winy za użycie technik ciemnej psychologii dla osobistych korzyści – łącznie z tworzeniem powierzchownych relacji, jeśli jest to konieczne.

* Politycy: Politycy mogą wykorzystywać mroczną psychologię, aby wpłynąć na wyborców, aby ich poparli, przekonując ich, że ich punkt widzenia jest słuszny.

* Sprzedawcy: Nie wszyscy sprzedawcy stosują przeciwko Tobie podstępne taktyki; jednakże ci, którzy skupiają się na osiągnięciu wyników sprzedaży, mogą używać ciemnej perswazji w celu manipulowania ludźmi i zwiększania zysków.

* Liderzy: Przywódcy od dawna stosują techniki ciemnej psychologii w celu manipulowania członkami zespołu, podwładnymi i obywatelami, aby zastosowali się do ich woli.

* Osoby samolubne: Osoby samolubne można zdefiniować jako każdą osobę, która przedkłada swoje własne potrzeby nad potrzeby kogokolwiek innego, bez względu na to, czy będzie to miało jakikolwiek wpływ na otaczających ich ludzi. Nie będą się martwić o udzielanie innym kredytu tam, gdzie jest on należny, aby sami mogli z tego skorzystać; dopóki ta sytuacja będzie działać na ich korzyść, nie będzie miało znaczenia, kto straci, ale jeśli ktoś odczuje negatywny wpływ, to prawdopodobnie będzie to on, a nie ktoś inny.

Lista ta spełnia dwie ważne funkcje. Po pierwsze, pomoże ci to podnieść świadomość na temat tych, którzy mogą próbować zmanipulować cię, abyś zrobił rzeczy, których nie chcesz robić, a jednocześnie może pomóc w samorealizacji, obserwując ludzi, którzy chcą coś od ciebie zyskać.
Jednym z kluczowych celów tej książki jest wyposażenie cię w walkę z mroczną psychologią i pomoc w ochronie.

Manipulacja mentalna to termin często słyszany w mediach społecznościowych i platformach komunikacji głównego nurtu, często w odniesieniu do dużych wydarzeń publicznych, kampanii politycznych lub strategii reklamowych. Większość osób rozumie, do czego odnosi się „manipulacja mentalna", ale może brakować im dogłębnej wiedzy na temat jej definicji i zakresu.

Manipulacja mentalna polega na kształtowaniu i manipulowaniu myślami innej osoby, aby wpłynąć na nią, aby zrobiła to, czego od niej oczekujesz. Manipulator wpływa na innych w sposób oszukańczy lub nieetyczny.

Manipulacja generalnie oznacza użycie siły wobec celów; oznacza to, że manipulatorzy będą próbować zmusić swoje cele do zrobienia tego, czego chcą, pomimo sprzeciwu samych celów.

Kiedy mówię o praniu mózgu ludzi jak w filmach, nie mam na myśli stosowania porwań i technik prania mózgu, jak to często jest przedstawiane. Omawiam subtelne techniki i strategie stosowane w celu przekonania innych do jednej rzeczy bez świadomości, że są kontrolowani.

W rzeczywistości mistrzowie manipulacji sprawiają wrażenie, jakby ludzie działali z własnej woli, a nie w wyniku zewnętrznej prowokacji. Jednak z manipulacją wiąże się pewna siła – np. stacje telewizyjne zmuszają do oglądania swoich programów i reklam, aby zachęcić do zakupu produktów lub usług sponsorów.

Jednak w tym przypadku można łatwo uniknąć przymusu:

Po prostu przełącz kanały. Jednak programowanie i reklamy są zaprojektowane tak, abyś nie chciał.

Inne formy manipulacji mogą być znacznie bardziej bezpośrednie. Partie polityczne i kandydaci często promują się za pomocą wezwań do działania, takich jak „głosuj na najlepszego kandydata" lub „głosuj na takiego a takiego, jeśli cenisz jego przyszłość". Takie jawne próby perswazji często można zobaczyć w reklamach kampanii politycznych.

Dlatego też pierwsza część tej książki skupia się na zrozumieniu i rozpoznaniu powszechnych form manipulacji. Nie mam na myśli jakiejś tajnej kliki próbującej kontrolować ludzkie umysły na całej planecie; raczej przeszkolone osoby mogą próbować wpłynąć na Twoje opinie, abyś poparł ich program.

Gdy zrozumiesz ich techniki, nie tylko będziesz mógł chronić siebie i swoich bliskich przed wpływami zewnętrznymi, ale być może będziesz w stanie skutecznie promować swój program. Chociaż nie zachęcam nikogo, aby wychodził i wywierał wpływ na ludzi, z którymi ma bezpośredni kontakt, za pomocą tych technik; raczej używaj tych taktyk, gdy jest to konieczne, aby zapewnić sobie przewagę, której potrzebujesz w życiu.

Zrelaksować się; wyruszamy w niezwykłą przygodę. Więc po prostu usiądź wygodnie i wybierz się w podróż.

Chociaż wiele osób stosuje taktyki mrocznej psychologii ze złymi zamiarami, możesz je również zastosować, nie krzywdząc nikogo innego. Niektóre z tych technik zostały nieświadomie lub celowo dodane do naszego zestawu narzędzi z powodu różnych okoliczności, które obejmują:

Jako dziecko obserwowałeś zachowania dorosłych wokół ciebie i ich interakcje.

* Jako nastolatek Twój umysł i zdolność rozumienia otaczających Cię zachowań znacznie się wyostrzyły.

* Udało Ci się zaobserwować, jak inni stosują i skutecznie wdrażają określone taktyki.

* Na początku zastosowanie określonych taktyk mogło być niezamierzone. Ale kiedy już udowodnią swoją wartość w zdobyciu tego, czego pragniesz, mogą stać się celowymi narzędziami twojego handlu.

* Politycy, mówcy lub sprzedawcy często uczą się takich technik, aby osiągnąć pożądane cele.

Taktyki ciemnej psychologii, które można stosować regularnie

* Powódź miłości: Powódź miłości polega na używaniu pochlebstw, aby przekonać innych, aby spełnili twoją prośbę. Na przykład, jeśli chcesz, aby ktoś inny pomógł przenieść rzeczy do Twojego domu, użycie zalewu miłości może zwiększyć prawdopodobieństwo, że ta osoba to zrobi i ułatwić Ci pracę. Mroczny manipulator może w ten sposób wykorzystać powódź miłości, aby zyskać wpływ na swój cel. Spraw, aby poczuli się blisko, a następnie nakłonnij ich do zrobienia rzeczy, których w przeciwnym razie mogliby się powstrzymać.

* Kłamstwo: Kłamać oznacza podanie innej osobie fałszywych lub upiększonych informacji w celu osiągnięcia tego, co chcesz, np. mówienie częściowej prawdy lub przesadów w celu osiągnięcia tego, czego oczekiwała ta osoba.

* Odmowa miłości: Odmowa miłości może być druzgocąca dla ofiar, ponieważ sprawia, że czują się opuszczone przez manipulatora. Zasadniczo wiąże się to z powstrzymywaniem się od uczuć i miłości, dopóki nie osiągniesz z nimi tego, czego pragniesz.

* Wycofanie się: Kiedy zastosuje się tę taktykę wobec kogoś, może zostać potraktowany po cichu lub można go unikać, dopóki jego potrzeby nie zostaną zaspokojone przez innych.

* Ograniczanie wyborów: Manipulatorzy mogą zapewnić ofierze możliwość wyboru, aby odwrócić jej uwagę od dokonywania wyborów, których nie akceptuje.

* Manipulacja semantyczna: w tej taktyce wykorzystuje się słowa, które mają powszechnie akceptowane definicje pomiędzy stronami rozmowy; następnie poinformuj ofiarę, że używając tego słowa w rozmowie miała na myśli coś innego. Zmiana definicji często zmienia dialog w sposób zamierzony przez manipulatora, pomimo oszukania kogoś, aby poddał się jego woli.

* Psychologia odwrotna: Kiedy ktoś każe komuś działać w określony sposób, z oczekiwaniem, że w rzeczywistości zareaguje inaczej, a wszystko potoczy się inaczej, niż zamierzył manipulator. Krótko mówiąc, psychologia odwrócona działa dokładnie tak, jak sugeruje jej nazwa: sprawia, że ludzie zachowują się tak, jak chce manipulator.

Kto celowo zastosuje taktykę cienia?

Może być wiele osób, które stosują przeciwko Tobie szantaż i mogą pojawić się w różnych aspektach Twojego życia, czyniąc ich obecność niezwykle niebezpieczną. Konieczne jest nauczenie się, jak unikać taktyk ciemnej psychologii, a niektóre przykłady osób stosujących takie strategie obejmują:

*Narcyz: Osoby te często mają wyolbrzymione poglądy na swój temat i odczuwają potrzebę przekonywania innych o tej rzeczywistości. Aby zaspokoić swoje pragnienie bycia czczonym i szanowanym przez każdego, kogo spotkają, ci narcyzi uciekają się do technik perswazji i ciemnej psychologii, aby osiągnąć ten końcowy cel.

* Socjopaci: Socjopaci emanują urokiem, inteligencją i zdolnością do perswazji – ale tylko po to, by dostać to, czego chcą. Ponieważ brakuje im emocji i wyrzutów sumienia za to, co robią, stosowanie technik mrocznej psychologii – w tym powierzchownych relacji – w celu osiągnięcia tego, czego pragną, nie stanowi dla nich problemu.

* Politycy: Stosując mroczną psychologię, politycy mogli przekonać wyborców do głosowania na nich, przekonując ich o wyższości ich punktu widzenia.

* Sprzedawcy: Nie wszyscy sprzedawcy stosują przeciwko Tobie podstępne taktyki, ale ci, którzy skupiają się na osiągnięciu wyników sprzedaży, mogą stosować techniki perswazji, aby manipulować innymi i szybciej osiągać wyniki.

* Liderzy: Liderzy od dawna stosują techniki ciemnej psychologii, aby wpłynąć na członków zespołu, podwładnych i obywateli, aby robili to, czego pragną.

* Osoby samolubne: Do samolubnych zalicza się każdego, kto przedkłada swoje własne potrzeby nad potrzeby innych. Ci ludzie zazwyczaj nie przejmują się tym, kto na tym skorzysta w danej sytuacji, pod warunkiem, że przyniesie to przede wszystkim korzyści im samym – jeśli to oznacza, że inni dostaną mniej, to w porządku – ale za każdym razem, gdy jedna ze stron straci, prawdopodobnie będzie to ona, a nie druga. Lista ta spełnia dwie funkcje. Po pierwsze, pomoże ci to zwiększyć świadomość na temat tych, którzy próbują cię zmanipulować, abyś zrobił rzeczy, których nie chcesz robić; po drugie, może pomóc w samorealizacji. Jednym z głównych celów tej książki jest to, abyś rozpoznał osoby, które czegoś od ciebie oczekują, bez uwzględnienia jakichkolwiek negatywnych konsekwencji; w ten sposób możesz uchronić się przed mroczną psychologią.

Kto kontroluje nasze życie Ciekawie jest obserwować długą historię manipulacji w społeczeństwie. Większa wiedza na temat perswazji pozwoli ci lepiej przygotować się do radzenia sobie z nią.

W tym rozdziale przyjrzymy się pokrótce manipulacji w życiu i handlu. Rozumiejąc, gdzie może istnieć manipulacja i kto próbuje Tobą manipulować, zyskamy pojęcie o jej rozpowszechnieniu w naszym codziennym życiu i zidentyfikujemy tych, którzy próbują nami manipulować. Nie każdy, kto manipuluje, jest koniecznie złośliwy – czasami ludzie mogą postępować wbrew temu, kim naprawdę są, lub nawet sami nie zdając sobie z tego sprawy! Przedsiębiorstwa komercyjne stosują techniki perswazji, aby zachęcić klientów do zakupu ich produktów i usług - rozpoznanie takiej taktyki pomoże nam skuteczniej ją zastosować!

Jako jednostki lubimy wierzyć, że dokonujemy odpowiedzialnych wyborów w życiu. Niestety nie zawsze pod pełną kontrolą - zwłaszcza, że dzieci pozostają pod wpływem rodziców i nie mają bezpośredniego wpływu na nasze wychowanie. Kiedy już wejdziemy do systemu edukacji, stajemy się jeszcze bardziej manipulowani. Nauczyciele przekazują wiedzę na temat norm społecznych i oczekiwań wobec nas w społeczeństwie; później, jako dorośli, możemy nawet stać się podatni na manipulacje ze strony polityków, którzy mają nadzieję zdobyć głosy dla swoich spraw. Wiele osób daje się przekonać do głosowania na określone partie w oparciu o to, co obiecują na przyszłość, nawet jeśli nie popierają wszystkich ich polityk. Daje to politykom władzę nad naszym życiem – czy naprawdę rządzimy, czy tylko jesteśmy przekonani?

W dalszej części tej książki przeanalizujemy różne taktyki manipulacyjne, zarówno ukryte, jak i jawne. Przede wszystkim musisz rozpoznać, kiedy jesteś manipulowany, aby móc temu przeciwdziałać; eksperci przedstawili swoje poglądy na temat tego typu zachowań wśród nas.

Poznanie sztuki manipulacji

Gdzie powinniśmy zachować ostrożność w życiu codziennym?

Przekonujący język Jego obrazy opowiadają tysiące historii; słowa mają jeszcze silniejszy wpływ na nas, inspirując, czasami aż do manipulacji. Czy zainspirował Cię kiedyś mówca, którego dramatyczne przemówienie motywuje Cię do działania? A słowa wpływają na nas, nawet jeśli całkowicie zaginęły w wielkiej książce; słowa mają moc, która zmusza nas do wiary w coś, nawet jeśli zmysły mówią nam inaczej! Komunikację można skutecznie wykorzystać jako potężną siłę przekonującą ludzi do zrobienia rzeczy, których inaczej by nie zrobili.

* Reklamodawcy i sprzedawcy posługują się językiem, aby przekonać nas, że ich towary są dokładnie tym, czego potrzebujemy – na przykład używając słów takich jak:

Przystępny; Wygodny; Przyjemny; Oszczędność czasu i gwarancja satysfakcji.

Zwróć uwagę, jak wszystkie te słowa sprawiają, że wierzymy, że mają zaufanie do swojego produktu lub usługi.

Politycy często używają takich sformułowań, jak:

„My” – aby zaprosić Cię do ich świata.

Poczuj się częścią naszego zespołu

Te strategie komunikacji mają na celu sprawić, abyśmy poczuli się włączeni, a tym samym ważni.

Prześladowcy używają zarówno słów, jak i agresywnego zachowania, aby osiągnąć własne osobiste cele.

Przestępczy drapieżcy, tacy jak psychopaci, socjopaci i narcyzi, używają języka perswazji jako sposobu na przejęcie kontroli nad inną osobą. Istnieje sześć teorii na temat manipulacji psychologicznej; 1. Teoria błędu poznawczego została tu zbadana jako jedna z potencjalnych postaci.

Istnieją różne procesy psychologiczne i teorie dotyczące perswazji, które cieszą się powszechnym uznaniem. Jednym z nich jest model reakcji poznawczej Anthony'ego Greenwalda z 1968 r., który do dziś udowadnia swoją wartość w określaniu czynników perswazji, a także jest szeroko stosowany w reklamie.

Greenwald proponuje, że o powodzeniu perswazji decydują nie słowa, ale bardziej uczucia; Emocje będą odgrywać większą rolę niż słowa w tym, jak łatwo zostaniemy przekonani.

Myśli wewnętrzne będą obejmować zarówno pozytywne, jak i negatywne aspekty, w zależności od osobowości danej osoby. Nie jest to proces uczenia się, ale raczej kwestia tego, czy ktoś już postrzega wiadomość z korzystnymi lub niekorzystnymi przekonaniami (poznaniami).

Osoby perswadujące muszą polegać na swojej wiedzy specjalistycznej, aby skutecznie odpowiedzieć na kontrargumenty i uniemożliwić celowi uzyskanie wystarczającej ilości czasu na opracowanie któregokolwiek z nich. Co więcej, osoba przekonująca powinna zachęcać do szybszego pojawiania się pozytywnych argumentów, aby zwiększyć swój wskaźnik sukcesu – zwiększa to „efekt perswazji".

Perswazja staje się trudniejsza, jeśli cel został wcześniej ostrzeżony o tym, co zamierzasz powiedzieć; pozwala im to opracować kontrargumenty, jeśli Twoje „przesłanie" jest sprzeczne z tym, w co aktualnie wierzą. Badania przeprowadzone przez Richarda E. Petty'ego w 1977 r. potwierdziły tę tezę: wykazały, że uczniowie, którym powiadomiono o wydarzeniu, byli mniej skłonni do przekonania się o tym wydarzeniu niż uczniowie, którzy nie otrzymali ostrzeżenia.
2 Wzajemność
Dobrze zbadana teoria pomagająca wyjaśnić naszą podatność na perswazję leży w Zasadzie Wzajemności, opartej na konwencjach społecznych. Jeśli ktoś wyświadczy ci przysługę lub zrobi dla ciebie coś dobrego, jest bardziej prawdopodobne, że poczujesz się zobowiązany do odwdzięczenia się w jakiejś formie lub w jakiś sposób.

Podświadomie w grę może wchodzić także Wzajemność. Nie zdając sobie z tego sprawy, możesz zgodzić się na wykonanie lub przysługę, o którą cię prosi ktoś, ponieważ kiedyś zrobił coś dla ciebie i czuje się zobowiązany; nawet jeśli ich prośba normalnie spowodowałaby odmowę.

Firmy często stosują tę taktykę, próbując zwiększyć sprzedaż. Oferując bezpłatne próbki lub ograniczone czasowo wersje próbne, firmy mają nadzieję, że klienci poczują się zobowiązani do odwdzięczenia się i zakupu lub odnowienia umowy.

Wzajemność jest dobrze ugruntowanym procesem psychologicznym. Jest to zachowanie adaptacyjne, które w przeszłości zwiększyłoby nasze szanse na przetrwanie; pomagając innym, zwiększasz szansę, że pewnego dnia oni pomogą Tobie. Ale wzajemność może mieć też swoje wady: gdy ktoś nas krzywdzi, instynkt zemsty również może nami kierować.

Badania akademickie zdecydowanie potwierdzają zasadę wzajemności. Burger i in. (2009) przeprowadzili badanie, które wykazało, że uczestnicy częściej zgadzają się na prośby, gdy osoba prosząca wyświadczyła im przysługę w przeszłości.

Metody manipulacji informacją 3

Oszustwo jest jednym z podstawowych narzędzi w zestawie narzędzi każdego manipulatora. Polega na przekazywaniu ofierze niekompletnych lub wprowadzających w błąd informacji, aby wytrącić ją z równowagi w sposobie myślenia i narazić ją na bezbronność. Manipulacja obejmuje również używanie celowej mowy ciała jako środka przekonywającego i manipulującego.
Teoria McCornack wymienia cztery maksymy, które definiują wypowiedzi zgodne z prawdą; wszelkie odstępstwa od tych zasad sprawią, że wiadomość będzie celowo wprowadzać w błąd. Te maksymy obejmują:

Ilość
Ilość odnosi się do „ilości" prezentowanych informacji. Większość z nas stara się podawać wystarczającą ilość danych, aby odbiorca w pełni zrozumiał nasz przekaz, bez podawania za dużo lub za mało; za mało może powodować zamieszanie; zbyt wiele może przytłoczyć. Manipulator bawiłby się jednak tą ilością, pomijając pewne elementy, które uważa za nieistotne, jeśli mogłoby to zaszkodzić jego argumentom i praktyka ta jest znana jako „kłamstwo przez pominięcie".

Jakość odnosi się do dokładności podanych informacji. Osiągnięcie prawdziwej komunikacji jest uważane za wysoką jakość; w przeciwnym razie odbiorcy usłyszeliby celowe nieprawdy – lub zwykłe kłamstwa – mające na celu zdobycie władzy manipulatora.

Relacja
Tutaj omawiamy „istotność" informacji dla przekazu. Aby uniknąć niewygodnego pytania lub ukryć własne słabości, manipulatorzy często zmieniają temat,

wprowadzając mylące tematy, aby odwrócić lub błędnie skierować uwagę od tego, co naprawdę należy omówić; lub nadmierne podkreślanie czegoś, co da im większą władzę nad słuchaczami.

Sposób Sposób przekazania wiadomości. Integralnym elementem jest mowa ciała: podczas słuchania odczytujemy fleksję i mimikę, które mogą być wyolbrzymione, aby wprowadzić w błąd w prezentacji przekazu, a celem jest podkreślenie ich celu. Kłamstwo w celu manipulacji lub przekonania kogoś nie jest niczym nowym; jednakże w dzisiejszym zglobalizowanym środowisku jego siła tylko wzrosła. Platformy komunikacji w mediach społecznościowych nie zawsze wiążą się z bezpośrednim kontaktem twarzą w twarz między dwiema osobami, co ułatwia manipulatorom wprowadzanie w błąd informacji lub fabrykowanie nieprawdy w tego typu formach korespondencji.

Nie każda manipulacja jest koniecznie negatywna; czasami potrzebujemy pomocy w podejmowaniu dobrych decyzji dla siebie i wtedy przydaje się Teoria Nudge; jego system pozytywnego wzmacniania opiera się na małych zachętach do zmian.

Badania Skinnera, czyli behawioryzm, ilustrują, jak pomocna może być ta teoria. Oferując nagrody jako pozytywne wzmocnienie, behawioryzm może zachęcić jednostki do działania zgodnie z tym, czego im życzysz.

Szturchnięcie można zobaczyć na tym przykładzie, w jaki sposób klienci zostali dodatkowo zachęceni do zakupu artykułu o drugiej najwyższej cenie – a wszystko to z korzyścią dla restauratora! Klienci otrzymali ten dodatkowy impuls.

Teoria szturchnięcia może być niezwykle skuteczną strategią ekonomiczną. Jednak jej zastosowanie wykracza daleko poza ekonomię i zachęca do zmian zachowań i kształtowania osobistych wyborów – za pomocą tej techniki można zmienić nawet przyjęte normy społeczne.

Szturchanie okazało się tak skuteczną strategią, że w 2010 r. rząd brytyjski powołał Departament ds. Analiz Behawioralnych, aby pomóc w opracowywaniu polityk, który był powszechnie znany jako Jednostka Nudge.

Chociaż stosowanie „szturchnięć" może mieć pewne oczywiste zalety, stosowanie manipulacji psychologicznej może naruszać wolności obywatelskie jednostki.

5 strategii manipulacji społecznej
Manipulacja psychologiczna to jedna z form manipulacji często stosowana przez polityków lub wpływowych ludzi w celu wspierania własnych interesów. W

najgorszym przypadku manipulacja psychologiczna służy jako forma kontroli
społecznej – pozbawianie indywidualności i zmuszanie społeczeństwa do
zaakceptowania tego, co jest im dane – choć jej pozytywne zastosowania obejmują na
przykład poprawę zdrowia i dobrostanu.

Ktokolwiek jest u władzy i stosuje manipulację społeczną, może zastosować techniki
odwracające uwagę, aby odsunąć ważne sprawy na bok. Twierdziliby, że ich
propozycje mają na celu korzyść nie tylko dla nich samych, ale dla całej rodziny i jej
przyszłości; wszelkie różnice w stosunku do nich byłyby postrzegane jako niewłaściwe
i samolubne – ten typ perswazji traktuje jednostki prawie jak dzieci; jego celem jest
przekonanie wszystkich, że wszystko, co jest złe, jest wyłącznie ich winą, a jedynym
rozwiązaniem jest słuchanie wskazówek ekspertów, którzy wiedzą lepiej.

Taka strategia polityczna polegałaby na zwróceniu uwagi na jeden problem społeczny i
zatuszowaniu innych. Taktyka ta ma na celu wywołanie niepokojów społecznych i
paniki wśród ludności; wywołując niepokój w społeczeństwie, ludzie zaczną domagać
się zmian w celu poprawy. Tak więc, próbując ukryć swoje problemy z opieką
zdrowotną, jeden departament mógłby zmniejszyć swój budżet przeznaczony na
zapobieganie przestępczości, co spowodowałoby gwałtowny wzrost statystyk
dotyczących przestępczości i dostarczanie informacji mających przekonać obywateli,
że wiedzą najlepiej, jak rozwiązywać problemy związane z przestępczością. Politycy
podsycają propagandę, rozpowszechniając własne prawdy i fakty – mogą one być
dokładne, ale nie zawsze; czasami nawet przesadzone informacje, takie jak statystyki,
mogą zostać niewłaściwie wykorzystane do osiągnięcia pożądanych efektów.
Manipulacja społeczna zajmuje lata, zanim możliwe będzie osiągnięcie pożądanych
rezultatów.

Manipulacja psychologiczna jest częścią wpływu społecznego, czyniąc z nas w
pewnym stopniu marionetki społeczne. Większość z nas stosuje manipulację
psychologiczną, nawet nie zdając sobie z tego sprawy!

Zgodnie z oczekiwaniami społeczeństwa, naszym obowiązkiem jest dostosowywanie
się do jego standardów i ich przestrzeganie, aby uniknąć niezgodnego porządku w
społeczeństwie.
Zastanów się przez chwilę, jaki gadżet lub produkt do remontu domu chciałbyś
najbardziej kupić: czy jest to coś polecone przez znajomego, sąsiada lub coś, co
pojawiło się w Internecie, co sprawia, że bardziej tego pożądasz? Manipulacja
społeczna również działa w ten sposób: inni łatwo nas przekonają, gdy stracimy
czujność; To, czy będzie to postrzegane jako dobre, czy złe, zależy całkowicie od
indywidualnej perspektywy.

Jak wspomniano wcześniej, nie każda manipulacja społeczna jest zła; w rzeczywistości może to mieć nawet pozytywne skutki. Chociaż termin „manipulacja" może przywoływać obrazy pozbawionych skrupułów ludzi naginających ludzi do swojej woli, właściwie użyty może pomóc społeczeństwu jako całości. Dobrym przykładem manipulacji społecznej mogą być specjaliści ds. zdrowia zachęcający nas do spożywania większej ilości owoców i warzyw („kampanie 5 dziennie") lub kampanie na rzecz zaprzestania palenia, które doprowadziły do zmniejszenia liczby palaczy, a także mniejszej częstości występowania chorób związanych z paleniem; taka taktyka stanowi skuteczną formę przymusu w najlepszym wydaniu!

6 Oświetlenie gazowe
Gaslighting może być najokrutniejszą formą manipulacji. Jest to próba rzucenia wątpliwości na zdrowie psychiczne i poczucie własnej wartości danej osoby poprzez zasianie w niej nasion wątpliwości – często wykorzystując powtarzające się kłamstwa jako przynętę, aż w końcu zaczniesz wierzyć w nie jako prawdy.

Gaslighting to nieludzka forma manipulacji, podczas której jedna osoba powoduje, że druga osoba wątpi w siebie i traci wiarę w siebie, co prowadzi do całkowitego załamania psychicznego i zniewolenia przez wrogą obecność. Gaslighterzy nieustannie podważają swój cel, zaprzeczając mu lub sugerując, że zawsze się mylą, czasami do tego stopnia, że oskarżają ich o mówienie kłamstw – jest to działanie mające na celu zmniejszenie poczucia własnej wartości, zanim zostaną całkowicie poddani dominującej kontroli ze strony osób z zewnątrz, którzy przejmują władzę, stając się samych prześladowców. Kiedy to nastąpi, stają się poddani dominującej obecności swego prześladowcy, który staje się podporządkowany, zanim ostatecznie ulegnie dominującemu wpływowi ze źródeł zewnętrznych. W zamian Gaslighterzy pragną nad nimi władzy i ostatecznie stają się ofiarami swego dominującego pana.
Manipulacja influencerami jest formą znęcania się psychicznego często spotykaną w agresywnych związkach osobistych. Osoba wpływowa będzie używać różnych technik, aby wzbudzić w ofierze wątpliwości – nawet do tego stopnia, że zakwestionuje jej wspomnienia, zaprzeczając przeszłym wydarzeniom, które miały miejsce między nimi a nimi.

Aby oświetlenie gazowe było w pełni skuteczne, wymaga czasu i wysiłku. Manipulator będzie męczył swoją ofiarę przez dłuższy czas, co z kolei doprowadzi ją do zwątpienia we własne zdrowie psychiczne.

Doktor George Simon jest psychologiem klinicznym z uniwersytetu w Teksasie. Badania osób o niepokojącej osobowości, zwłaszcza psychopatów, doprowadziły go do wniosku, że pewne typy osobowości są bardzo biegłe w manipulacji; używając kłamstw i agresywnego języka, udało im się zasiać wątpliwości w umysłach swoich ofiar, aż w końcu ich cel stracił wiarę w siebie i uwierzył w to, co powiedział manipulator, ostatecznie tracąc nad nim kontrolę.

Sekrety psychologii

Większość technik psychologicznych służy zarówno do zastosowań w psychologii ciemnej, jak i białej; ich użyteczność zależy od intencji tych, którzy je zatrudniają.

W tym rozdziale przyjrzymy się różnym technikom psychologicznym stosowanym w nielegalnych celach.

Mroczna perswazja

Perswazja jest zdecydowanie najczęściej stosowaną techniką psychologiczną, często wykorzystywaną w psychologii białych; prawie każdy z nas w tym czy innym momencie stosował perswazję jako część tej dyscypliny; jednakże tylko nieliczni stosowali perswazję jako skuteczną formę manipulacji mroczną psychologią.

Zanim zagłębimy się w mroczną perswazję, przyjrzyjmy się jej podstawowym elementom.

Co to jest perswazja? mes Perswazja to psychologiczna praktyka polegająca na używaniu argumentów przekonujących w taki sposób, aby motywować, wpływać lub zmieniać postawy lub zachowanie jednostki w celu osiągnięcia pożądanych rezultatów.

Wskazówki dotyczące perswazji Oto kilka podstawowych strategii perswazji, które musisz opanować, aby skutecznie przekonywać:

Badania w celu uzyskania porady eksperta

Bądź liderem myśli – kieruj myśleniem innych i dawaj przykład.

Bądź pewny siebie, stosując deklaracje i asertywność:

Ogranicz sarkazm tak bardzo, jak to możliwe.

Staraj się brzmieć rozsądnie i monitoruj reakcje w odpowiedzi na subtelne reakcje; aktywnie słuchaj i sugeruj, a nie żądaj; aktywnie obserwować; być inteligentnym emocjonalnie

Taktyka perswazji

Oto kilka podstawowych, ale ważnych taktyk perswazji:

Używaj imienia i nazwiska osoby, z którą współpracujesz.

Połącz się osobiście i nawiąż kontakt.

Rozwijaj relacje i otwieraj drzwi do wzajemności

Używaj motywujących słów Bądź elastyczny i adaptacyjny – dostosowuj się do każdego celu indywidualnie (bez podejścia ogólnego). Wykorzystaj technikę odzwierciedlania i dopasowywania NLP.

Wykorzystaj efekt Bandwagon na swoją korzyść

Stwórz pewną niepewność wśród tych, których przekonujesz, tworząc poczucie niedoboru ich uwagi.

Stwórz napięcie poprzez celowe luki (luki informacyjne).

Zastosuj strategię „stopą w drzwiach" – złóż małą prośbę, która otworzy więcej drzwi dla późniejszych większych próśb.

Podkreślenie wartości swojej propozycji osobom, które próbujesz przekonać, jest kluczowe przy próbie przekonania ich o jej wartości, ponieważ każda osoba podświadomie zadaje sobie pytanie: „Co z tego dla mnie będę mieć?"

mes Efekt modowego wozu
Efekt modowy można opisać jako zbiorowy wpływ, jaki grupy ludzi mogą mieć na poszczególnych członków tego tłumu lub grupy ludzi.

Poniżej przedstawiono kilka kluczowych cech efektu modowego ruchu:

Mentalność stadna – ludzie mają tendencję do dostosowywania się, gdy są przekonani, że podążanie za innymi doprowadzi do sukcesu Dowód społeczny – ludzie mają tendencję do podążania za tym, co wydaje się najpopularniejsze

Potępianie negatywnych dowodów społecznych (takich jak śmiecenie, wycinanie drzew, złe zachowania seksualne, objadanie się i palenie) może w rzeczywistości je promować. Na przykład krytykowanie wzrostu absencji z 15% do 20% powinno również wzmocnić pozytywny dowód społeczny poprzez odnotowanie większości pracowników (ponad 80%), którzy nie opuścili pracy i omówienie tych kilku zepsutych jabłek, które pozostają nieobecne, jako nieistotnych w porównaniu do co należy podkreślić i jeszcze bardziej ograniczyć.

Oszustwo

Oszustwo można zdefiniować jako każde działanie mające na celu ukrycie, fałszywe przedstawienie lub propagowanie czegoś fałszywego w celu zatuszowania, zdyskredytowania lub promowania opinii z zamiarem przekonania innej osoby do działania zgodnie z wcześniej określonymi celami lub oczekiwaniami.

Oszustwo polega na manipulowaniu pozorami w celu przekazania niedokładnej reprezentacji rzeczywistości.

Istota oszustwa leży w ukryciu. Typowe techniki oszukiwania obejmują:

Propaganda polega na rozpowszechnianiu fałszywych informacji w postaci prawdy lub faktów, podczas gdy kamuflaż maskuje prawdziwą naturę rzeczy; przykładem może być wykorzystanie działalności charytatywnej jako przykrywki w celu infiltracji danego obszaru.

Udawanie odnosi się do przyjmowania alter ego; na przykład udawanie niewinności, gdy ktoś jest winny, udawanie chorego, gdy czujesz się całkowicie zdrowy, udawanie smutku, gdy faktycznie świętujesz coś ważnego itp.

Mistyfikacja – Stwórz aurę tego, co nadprzyrodzone, zatajając informacje lub zachowując się w sposób, który wydaje się nadprzyrodzony, stając się atrakcyjnym dla osób skłonnych do wierzeń.

Paltering: Czarownicy, magowie i aktorzy często stosują tę taktykę, aby odwrócić uwagę ludzi od siebie i skierować ją na swoją korzyść, aby osiągnąć osobiste cele. Ta taktyka sprawdza się również, gdy próbujesz osiągnąć rezultaty poprzez występy publiczne, takie jak koncerty.

Rodzaje oszustwa

Oszustwo przybiera dwie podstawowe formy.

Kłamstwa na zlecenie (udawanie) – są aktywnymi formami oszustwa. Osoba kłamująca na zlecenie bezpośrednio oszukuje lub kłamie bezpośrednio, celowo zmieniając istotne fakty na swoją korzyść.

Symulacja lub pominięcie (kłamstwo przez pominięcie) – kłamstwa symulacyjne to pośrednie formy oszustwa, w przypadku których osoba zaangażowana w oszustwo nie zmienia bezpośrednio istotnych faktów; raczej ukrywają te, które zmieniłyby proces decyzyjny osób oszukanych.

Dupery

Duszerstwo, jak każdy akt oszustwa, prowadzi do uzyskania korzyści osobistych od ofiar. Dupery polega na zastawianiu pułapek lub przynęt, które łapią ofiary, a następnie wykorzystują je do osobistych lub nikczemnych korzyści.

Indoktrynacja

Indoktrynacja odnosi się do procesu wpajania komuś przekonań bez zapewnienia mu możliwości niezależnego krytycznego dociekania.

Strategie stosowane w indoktrynacji:

Trening na pamięć – ta praktyka zapisywania informacji w pamięci ludzi poprzez powtarzające się czynności, takie jak powtarzanie mantr podczas modlitwy lub liczenie koralików Mala podczas modlitwy, nazywana jest treningiem na pamięć.

Osoby przeszkolone w formułowaniu afirmacji są instruowane, aby wypowiadać słowa potwierdzające pewne stwierdzenia, tworząc w ten sposób wrażenie, że te stwierdzenia są prawdziwe.

Utrudnianie dostępu do prawdy i faktów – ta taktyka ma na celu uniemożliwienie osobom indoktrynowanym dostępu do źródeł prawdy lub faktów, takich jak książki uważane za „szatańskie”. Można również zastosować techniki psychologii strachu, takie jak ostrzeganie, że jeśli przeczytają takie książki, doświadczą koszmarów lub odwiedzą je duchy wampirów.

Spowiedź – Każdy z nas ma przeszłość pełną grzechów. Mogą być rzeczy, które zrobiliśmy, których żałujemy; jedna z taktyk indoktrynacji polega na zmuszaniu ludzi do przyznania się. Kiedy ludzie już się przyznają, ich autorytet moralny maleje w oczach indoktrynatorów, prowadząc ich na ścieżkę uległości w kierunku indoktrynacji.

Izolacja - głównym celem izolacji jest oderwanie od wpływów uniemożliwiających lub utrudniających indoktrynację, odcięcie od rodziny, społeczeństwa lub normalnych relacji. W ten sposób ofiary mogą zostać odcięte od rodziny, społeczeństwa i normalnych relacji, co prowadzi je do uwierzenia we wszystko, co mówią ich indoktrynatorzy, bez otrzymania kolejnej opinii na temat tych twierdzeń od zaufanych stron trzecich. Izolacja służy również jako forma utrudniania, gdy prawdy i faktów nie można obiektywnie ocenić z perspektywy zaufanej strony trzeciej.

Narzucenie winy – narzucenie winy jest podobne do wymuszonego przyznania się do winy; jednakże narzucenie poczucia winy polega na zaszczepieniu poczucia winy w umyśle ofiary przez indoktrynatorów, którzy znajdują sposoby na wykrycie wszelkich

wykroczeń, a następnie wykorzystują ten czyn przeciwko niej, aby zadać jej poczucie winy. Podobnie jak wymuszone przyznanie się do winy, głównym celem tej taktyki jest narzucenie winy.
Spowiedź może podważyć pozycję moralną ofiary i zmusić ją do psychologicznego poddania się.

Narzucanie fobii – strach psychiczny można zaszczepić za pomocą technik indoktrynacji stosowanych przez indoktrynatorów; ofiarom coraz trudniej jest funkcjonować poza strefą swoich wpływów. Przykład wywoływania fobii Firmy ubezpieczeniowe stosują taktykę wzbudzania strachu u potencjalnych klientów, wyolbrzymiając potencjalne ryzyko, które może wystąpić, jeśli potencjalny klient zdecyduje się nie ubezpieczać życia lub mienia bliskich, podczas gdy rządy często uciekają się do wzbudzania strachu, aby przeforsować swoje programy.

Rytuały pozostawiają niezatarty ślad w psychologii człowieka, co wyjaśnia, dlaczego tak wiele tradycji, religii, kultów, organizacji politycznych i grup obywatelskich wykorzystuje rytuały jako element swoich praktyk. Rytuały można odprawiać przed modlitwą lub nabożeństwami pogrzebowymi, a także przed rozpoczęciem wojny - ceremonie te zwiększają podatność na wszelkie propozycje wysuwane przez indoktrynatorów.

Zależność indukowana — manipulatorzy często stosują tę taktykę w związkach, w których chcą zdobyć przewagę nad swoimi ofiarami, na przykład podmiotami imperialistycznymi lub kolonialistycznymi, które utrwalają biedę, zanim udają, że ratują ją przed losem. Mogą oferować pomoc warunkową lub dotacje zawierające warunki mające na celu zwiększenie zależności i zwiększenie podatności ofiar na wyzysk. Ponieważ to celowe zubożenie nie doprowadziłoby do tak skrajnego ubóstwa ani nie spowodowałoby tak hojnej pomocy i dotacji, powoduje to zależność. Partnerzy małżeńscy często pozwalają niepewnemu partnerowi stworzyć warunki, które uzależniają jego partnera; niepewny mąż może sprawić, że będzie bardziej zależna. Gdy żona straci pracę, niepewnemu mężczyźnie łatwiej będzie kontrolować bezrobotnego małżonka i manipulować nim, ponieważ stanowi on dla niej główne źródło niezależności finansowej. Brak niezależności finansowej czyni ją podatną na wpływy męża.

Kara – tworząc system motywacyjny i oferując testy/egzaminy jako karę, ci, którzy przejdą program indoktrynacji, zostaną odpowiednio ukarani.

Charakterystyka indoktrynacji

Nic dziwnego, że indoktrynacja przenika większość aspektów naszego życia – ma miejsce w domach (przez rodziców i nauczycieli), szkołach (przez nauczycieli), życiu publicznym (przez polityków i rządy) itp.

Oto kilka kluczowych cech narzędzi indoktrynacji:

Strach, dogmatyzm, fundamentalizm, zamknięcie poznawcze i postrzegana deprywacja jako źródła indoktrynacji
Mogą istnieć różne ukryte i jawne źródła indoktrynacji; oto kilka powszechnie jawnych źródeł:

Instytucje religijne, szkoły i placówki oświatowe

Przewodnik dla rodziców po mediach (media głównego nurtu, media alternatywne i serwisy społecznościowe).

Politycy
Partnerzy małżeńscy Pranie mózgu Termin „pranie mózgu" odnosi się do procesu usuwania istniejącego zestawu starych przekonań z ich systemu na rzecz nowych, które pojawiają się bez czyjejś prośby lub dobrowolnego przyjęcia. Pranie mózgu odbywa się bez zgody.

Pranie mózgu może przybierać różne formy; czasami jest subtelny i mimowolny, a innym razem gwałtowny. Jednym z brutalnych przykładów było wymuszone nawrócenie podczas krucjat i dżihadu. Ofiary w takich przypadkach są świadome tego, co się dzieje, ale akceptują to jako skuteczny mechanizm radzenia sobie, pozwalający uniknąć większych szkód, takich jak śmierć.

Do brutalnego prania mózgu dochodzi zazwyczaj w obrębie bojowych sekt lub organizacji przestępczych, gdzie ofiary wpadają w pułapkę bez drogi ucieczki.

Potencjalne ofiary brutalnego prania mózgu to:

Jeńcy (zwłaszcza jeńcy wojenni)

Niewolnicy w niewoli
Porwane ofiary w niewolę na sprzedaż przez porywaczy
Nielegalni cudzoziemcy Subtelne pranie mózgu często odbywa się bez wiedzy ofiary; w tym przypadku sprawca szuka podatnych ofiar, które można łatwiej przekonać. Co więcej, te bezbronne ofiary zwykle znajdują się w tragicznych okolicznościach, powodując powstanie psychicznej pustki pragnącej spełnienia.

Poniżej znajduje się kilka potencjalnych ofiar nieświadomego prania mózgu:

Czy cierpisz na nieznaną chorobę przewlekłą? Jeśli tak, przeczytaj to.

Nieletni, którzy opuścili dom i zamieszkali samotnie, zazwyczaj mieszkają daleko.

Osoby, które straciły pracę i cierpią emocjonalnie, są w głębokiej rozpaczy.

Utrata bliskich w wyniku rozwodu lub śmierci może być niezwykle bolesna.

Typowe kroki w praniu mózgu

Poniżej podajemy niektóre kroki, jakie zwykle podejmują osoby piorące mózgi, gdy próbują dokonać prania mózgu swoich ofiar:

1. Izolacja
2. Atak na podporządkowanie sobie poczucia własnej wartości
Testowanie 5 bombardowań miłosnych
Osoby prające mózgi rozumieją, że członkowie rodziny lub bliskiego kręgu mogą szybko zidentyfikować, co dzieje się z ofiarą i w ten sposób ją uratować, dlatego pierwszym krokiem, jaki podejmują, aby obalić ofiarę, jest odizolowanie jej od bliskich, takich jak rodzina lub przyjaciele .

Na przykład przywódcy sekt mogą wpajać ofiarom negatywne opinie bliskiej rodziny i przyjaciół, tworząc podział między sobą a bliskimi w wyniku taktyk prania mózgu stosowanych przeciwko nim, takich jak psychiczne wampiry, które wysysają energię i powodują przewlekłą chorobę; ofiara może ulec takiej taktyce prania mózgu z powodu choroby i desperacji – ostatecznie izolując się od kogoś, kto mógłby ją całkowicie uratować przed praniem mózgu.

Atak na poczucie własnej wartości Ofiara cierpiąca na niską pewność siebie lub niską samoocenę jest podatna na pranie mózgu, dlatego osoba przeprowadzająca pranie mózgu stara się osiągnąć ten stan poprzez atak na jej poczucie własnej wartości.

Osoby prające mózgi stosują różne strategie, aby podważyć poczucie własnej wartości ofiary, takie jak:

Przemoc werbalna i fizyczna – często wykorzystywana w brutalnych technikach prania mózgu w celu odczłowieczenia ofiary i podważenia jej poczucia wartości.

Brak snu – bez odpowiedniego odpoczynku i odpoczynku ludzie są bardziej podatni na presję psychologiczną z powodu zmniejszonej świadomości. Bez pełnej świadomości instrukcje prania mózgu stają się łatwiejsze dla wyczerpanej osoby, która szuka spokoju i ciszy, aby móc szybko zasnąć.

Zastraszanie – Zastraszanie to jedna z wielu technik stosowanych przez osoby prające mózgi, aby zmusić kogoś do poddania się bez jego woli, na przykład poprzez groźbę kary lub samą karę.

Zawstydzenie – tę strategię można zastosować, jeśli potencjalna ofiara skrywa jakiś niesmaczny sekret, który wolałaby pozostać w ukryciu, na przykład używając różnych sposobów, aby uzyskać nagie zdjęcia lub wywołać niewierność małżeńską u takich osób. Gdy osoba zajmująca się praniem mózgów zdobędzie te materiały, zaczyna subtelnie zawstydzać ofiarę, nie ujawniając publicznie niczego na temat tych materiałów, ale używając uogólnionych terminów, które wskazują na niemoralne zachowanie ofiary. Ofiara rozumie, dokąd prowadzą te wskazówki, i dlatego jest zdeterminowana, aby uniemożliwić swojemu praniu mózgu ujawnienie tych żenujących treści, dając jej przewagę potrzebną do prania mózgu ofiary. Przykłady scenariuszy prania mózgu obejmują zmuszanie ofiar do wykonywania rytuałów, które podważają ich własną wartość i poczucie własnej wartości, jeszcze bardziej podporządkowując je praniu mózgu. Z biegiem czasu u ofiar może rozwinąć się syndrom sztokholmski, w wyniku którego zamiast walczyć, zamiast tego zaczynają wspierać pranie mózgu.
Chroń pralkę mózgów (co podświadomie oznacza ochronę ich „sekretów")

Osoby prające mózgi wykorzystują tworzenie niedoborów, na przykład racjonowanie podstawowych artykułów pierwszej potrzeby, i uwalniają je tylko wtedy, gdy osoba wykonuje ich rozkazy, aby podporządkować sobie ofiary. Pranie mózgu ma na celu poddanie ofiar całkowitej kontroli, tak aby stały się całkowicie uległe.

Poniżej znajduje się kilka taktyk stosowanych w celu podporządkowania się:

Ekstremalne nadużycie to my kontra oni
Bombardowanie miłością Ekstremalne nadużycie Ofiara jest ofiarą skrajnego znęcania się; często stosuje się przemoc emocjonalną i psychologiczną, przy czym przemoc fizyczna jest wykorzystywana wyłącznie w celu brutalnego prania mózgu, a nie subtelnych technik prania mózgu.

My kontra Oni
Ofiara zmuszona jest wybierać pomiędzy urządzeniem do prania mózgu a społeczeństwem jako całością. Dla tej ofiary nie ma szans na ucieczkę.

Podmioty poddane praniu mózgu przedstawiają ofiary, które nadal żywią jakiekolwiek myśli o „nich", do świata zewnętrznego. Jakakolwiek próba rozważenia przez ofiary pozostania z „nami", osobami poddanymi praniu mózgu, doprowadzi do poważnego znęcania się, dopóki nie zdecydują się przyłączyć się do prania mózgu i porzucić „ich".

Test lub ocena,
Testowanie ma na celu sprawdzenie, czy ofiara dokonała wyboru i nie chce już przyłączać się do „nich", sprawdzając jednocześnie jej poziom posłuszeństwa.

Pod tajną kontrolą ofiary mogą zostać wypuszczone do „nich" (ogólnej populacji) pod warunkiem, że wrócą w określonym terminie i będą potajemnie monitorowane, aby sprawdzić, czy zdecydują się wrócić do „nas" (grupa poddana praniu mózgu).

Jeśli ofiara nie chce wrócić, zostaje porwana i wraca do naszej owczarni – i tak błędne koło zaczyna się od nowa.

Jeżeli ofiara powróci dobrowolnie, przechodzimy do etapu drugiego, zwanego bombardowaniem miłosnym.

Większość ofiar uważa powrót do społeczeństwa za zbyt trudny, dlatego wolą wrócić do domu, niż odbudować to, co utracone.

Bombardowanie miłością Gdy testy wykażą, że ofiara została pomyślnie poddana praniu mózgu, można zastosować techniki bombardowania miłością, aby pobudzić ją do przyłączenia się.

Bombardowanie miłością może obejmować pochwały, awanse według tematów, otrzymane prezenty itp.
Mroczne uwodzenie „Mroczne uwodzenie" odnosi się do użycia narzędzi psychologicznych zaprojektowanych do stosowania taktyk ciemnej manipulacji wobec jednostek w celu nakłonienia ich do relacji, które zadowalają tylko interesy jednej ze stron i nie przynoszą wymiernych korzyści żadnej ze stron.

Pozbawiony skrupułów uwodziciel wykorzystuje pragnienia swojej ofiary, aby zaspokoić swój własny, pożądliwy plan.

Chociaż uwodzenie jest często kojarzone z płcią przeciwną, może dotyczyć także osób tej samej płci, a nawet osób, które nie identyfikują się jako osoby nieseksualne.

Mroczne uwodzenie nie obejmuje wyłącznie aktów seksualnych; raczej wykorzystuje stymulację seksualną do osiągnięcia określonych celów.

Stymulacja seksualna sprawia, że ofiary są mniej logiczne i racjonalne, a przez to bardziej podatne na manipulację.

Poniżej kilka technik mrocznego uwodzenia:

Bombardowanie miłością polega na wysyłaniu innym prowokacyjnych wyrażeń i frazesów jako prezentów, za wyraźną prośbą lub bez niej.
Głównym celem mrocznego uwodzenia jest odwołanie się do prymitywnego Id jednostki i ograniczenie antykateksji; zachęcając go w ten sposób do oderwania się od superego i zejścia do Id, gdzie istnieje hedonizm.

Przeciwko ofierze można zastosować działania i nagrody erotyczne, aby wzmocnić ten stan Id i usunąć wszelkie dowody superego lub antykateksji.

Najczęściej indoktrynacja i pranie mózgu mogą pomóc w demontażu superego. Jednakże hipnotyzacja jest wykorzystywana w tym celu jako potężna technika – wciągnięcie czyjegoś umysłu w stan otwarty, w którym można go przekonać każdą sugestią, jaką mu podasz.

Osoba poddana hipnozie jest podobna do osoby śpiącej i chodzącej; ich świadomość skupia się wyłącznie na chodzeniu, bez odbierania sygnałów ze źródeł zewnętrznych.

Będąc w stanie hipnozy, jednostka nie może świadomie czerpać odniesień ze źródeł zewnętrznych – jedynie z sugestii. Świadomość peryferyjna zmniejsza się lub całkowicie zanika, gdy umysł zostaje uwięziony w nieprzeniknionej bańce, nieprzepuszczalnej dla sygnałów zewnętrznych, które normalnie przez nią przenikają.

Indukcja hipnotyczna
Indukcja hipnotyczna polega na przekazywaniu komuś instrukcji i sugestii mających na celu wywołanie hipnozy.

Kluczowe cechy hipnozy:
Skoncentrowana uwaga skupiona na jednym przedmiocie lub idei. Izolacja od świadomości peryferyjnej

Większa podatność na sugestie Główna różnica pomiędzy białą i ciemną hipnozą leży w intencjach hipnotyzera: ciemna hipnoza ma na celu wykorzystanie podmiotu dla własnych korzyści, a nie pomaganie mu w doskonaleniu się poprzez pozytywne sugestie płynące z hipnozy.

Biała hipnoza ma na celu złagodzenie traumatycznych lub szkodliwych stanów świadomości poprzez pomoc hipnotykom w szybkim i skutecznym wyjściu z nich. Hipnoterapię często uważa się za główną formę białej hipnozy, często nazywaną hipnozą terapeutyczną.

Hipnoterapia
Hipnoterapia jest formą białej indukcji hipnotycznej stosowaną przez lekarzy w celach terapeutycznych. Głównym celem jest pomoc w uzdrowieniu z urazów psychicznych, emocjonalnych, a nawet fizycznych.

Hipnoterapię można stosować jako skuteczną metodę łagodzenia bólu, pomagając pacjentowi zdystansować się od źródła dyskomfortu, zmniejszając w ten sposób wrażliwość na ten ból.

Fakty o hipnozie: Hipnoza jest dobrowolna, umyślna. Dzieci są bardziej podatne na hipnozę NIŻ dorośli

15% ludzi jest podatnych na hipnozę.

10 procent osób można zahipnotyzować bardzo rzadko.

Osoby skłonne do fantazjowania są bardziej podatne na wciągnięcie w mroczną indukcję hipnotyczną. Co więcej, może to mieć niekorzystne konsekwencje.

Było wiele ofiar ciemnej indukcji hipnotycznej. Typowe przyczyny obejmują:

Zahipnotyzowany tak głęboko, że chętnie oddajesz swój majątek hipnotyzerowi

Czy jesteś zahipnotyzowany, aby umyślnie otworzyć drzwi złodziejom?

Czy jesteś zahipnotyzowany i chętnie podążasz za porywaczami do ich nory? Jeśli tak jest w twoim przypadku, bycie zahipnotyzowanym i podążanie za nimi do ich jaskini prawdopodobnie doprowadzi do porwania i pewnego rodzaju znęcania się.

Zrozumienie manipulacji od dawna jest częścią życia; Nie powinno dziwić, że perswazja jest od dawna praktykowaną umiejętnością. Rozpoznanie, jaka jest jego prawdziwa istota, jest niezbędne, jeśli chcesz skutecznie poradzić sobie z jego wpływem.

W tym rozdziale dokonamy pokrótce przeglądu psychologii manipulacji, aby lepiej zrozumieć, gdzie może ona zaistnieć w naszym życiu i kto może próbować nas wykorzystać. Może także pomóc w zidentyfikowaniu osób, które próbują na nas wpłynąć, nie zdając sobie z tego sprawy – na przykład szef może zachęcać swoich pracowników do zachowywania się w sposób sprzeczny z ich normalną osobowością i zachowaniem; nauczenie się, jak handel wykorzystuje subtelne techniki perswazji, pomoże ci w walce z jego wszechobecną siłą.

Nasze społeczeństwo zachęca nas, abyśmy postrzegali siebie jako niezależne jednostki zdolne do dokonywania racjonalnych wyborów; jednak jeśli chodzi o decyzje życiowe, nie zawsze mamy pełną kontrolę. Dzieci często znajdują się pod silnym wpływem rodziców i nie mają żadnej kontroli nad procesem, w którym zostały wychowane. Kiedy już znajdziemy się w systemie edukacji, stajemy się jeszcze bardziej manipulowani. Nauczyciele uczą nas wszystkiego o normach społecznych i oczekiwaniach w społeczeństwie; później, jako dorośli, jesteśmy wciągani przez polityków szukających głosów. Wielu do głosowania na określone partie przekonuje to, co obiecują na przyszłość, nawet jeśli nie wierzą w ich politykę. Daje to politykom władzę, która może bezpośrednio wpłynąć na nasze życie; czy naprawdę mamy kontrolę, czy po prostu jesteśmy podatni na manipulację ze strony osób dysponujących umiejętnymi technikami perswazji?
W dalszej części tej książki omówimy, jak postępować z różnymi metodami manipulacji, zarówno jawnymi, jak i ukrytymi. Przede wszystkim musisz nauczyć się rozpoznawać, kiedy jesteś manipulowany, aby móc temu przeciwdziałać; w tym celu sprawdzimy także, co mówią eksperci na temat tego typu zachowań, które występują wśród nas.
Czy czujesz się manipulowany?

Na jakie rzeczy powinniśmy uważać w codziennym życiu?

Język perswazji Chociaż obrazy wyrażają tysiąc słów, słowa mogą być znacznie skuteczniejsze, jeśli zostaną użyte do motywowania, zachęcania i przekonywania. Przypomnij sobie wszystkie te chwile, kiedy inspirował Cię charyzmatyczny mówca, którego śmiałe przemówienia inspirowały Cię i motywowały do działania; lub kiedy

całkowicie zatraciliśmy się we wspaniałej książce, której słowa opowiadają inną historię! Język może mieć niezwykle potężną siłę, jeśli zostanie skutecznie użyty, aby przekonać innych do czegoś; komunikacja jest niesamowitą zaletą, gdy próbujesz zmienić zachowanie ludzi lub sprawić, że zmienią zdanie na jakiś temat.
Teorie manipulacji psychologicznej 1. Poznawcze

Procesy psychologiczne i teorie dotyczące perswazji są dobrze znane; jedną z takich teorii opracowaną przez Anthony'ego Greenwalda w 1968 roku jest model reakcji poznawczej. Choć stworzono je ponad 40 lat temu, jego zasady pozostają aktualne do dziś i są szeroko stosowane w reklamie i innych formach perswazji.

Greenwald zasugerował, że: O powodzeniu perswazji tak naprawdę decydują nie słowa, ale emocje odbiorcy, jego wewnętrzny monolog oraz to, czy postrzega on przekaz z pozytywnymi czy nieprzychylnymi myślami (poznaniami). Proces ten nie musi obejmować uczenia się nowego materiału, ale zależy od tego, czy ktoś już postrzega go w taki sposób, że wpływ jest dla niego mniej lub bardziej łatwy.

Osoby perswadujące muszą polegać na swoich umiejętnościach przekonywania, aby przezwyciężyć wszelkie kontrargumenty, które pojawiają się przeciwko ich wysiłkom perswazji. Powinni uniemożliwić celowi wystarczająco dużo czasu na wymyślenie własnych kontrargumentów i powinni zachęcać do wysunięcia pozytywnych argumentów, zwiększając „efekt perswazji” na sukces.

Perswazja staje się trudniejsza, jeśli zamierzony cel został uprzedzony o tym, czego się spodziewać, co daje mu czas na przygotowanie własnych argumentów przeciwko temu, co może wydawać się sprzeczne z intuicją. Richard E. Petty przeprowadził w 1977 r. badania, które wykazały znaczenie ostrzeżenia wstępnego: uczniowie, którym powiadomiono o pewnych zdarzeniach, byli mniej skłonni do przekonania się o tym niż uczniowie, którzy nie zostali wcześniej powiadomieni.

Wzajemność
Zasada wzajemności dostarcza kolejnego intrygującego wyjaśnienia naszej podatności na perswazję: opiera się ona na konwencjach społecznych – jeśli ktoś wyświadczy ci przysługę lub zapewni ci coś dobrego, jest bardziej prawdopodobne, że poczujesz się zobowiązany odwdzięczyć się w takiej czy innej formie.

Nieświadomie może zadziałać Zasada Wzajemności. Nawet nie zdając sobie z tego sprawy, możesz zgodzić się na wyświadczenie komuś działania lub przysługi, ponieważ w pewnym momencie ta osoba zrobiła dla ciebie coś dobrego – nawet jeśli ta prośba normalnie nie mieściłaby się w twoich kompetencjach. Poczucie obowiązku może nawet mieć swoje zalety;

Firmy stosujące techniki sprzedaży często stosują tę taktykę, aby zwiększyć sprzedaż. Firmy oferują bezpłatne próbki lub ograniczone czasowo wersje próbne w nadziei, że klienci poczują się zobowiązani do odwdzięczenia się zakupem ich produktu lub kontynuowaniem umowy.

Wzajemność jest ustalonym procesem psychologicznym i zachowaniem adaptacyjnym, zwiększającym nasze szanse na przetrwanie w historii. Pomaganie innym może zwiększyć Twoją szansę na uzyskanie pomocy w zamian, ale wzajemność może mieć niepożądane skutki uboczne; na przykład, jeśli ktoś cię skrzywdzi, wówczas wzajemność może skłonić go do zemsty.

Badania akademickie potwierdzają zasadę wzajemności. Burger i in. (2009) odkryli, że uczestnicy częściej zgadzali się na prośby kogoś, kto w przeszłości wyświadczył im przysługę.

Manipulacja informacją Krok 3

Oszustwo jest jedną z głównych strategii stosowanych przez manipulatorów. Strategia ta polega na oferowaniu ofiarom ograniczonych i mylących informacji w celu zmiany ich wzorców myślenia, czyniąc je bardziej podatnymi. Oszustwo może również obejmować celowe użycie mowy ciała w celu przekonania kogoś i manipulowania nim. McCornack i in. (1992) przeprowadzili badanie, które podkreśliło różne sposoby fałszowania komunikatów, aby wspomóc procesy manipulacji. Teoria McCornacka opiera się na czterech maksymach regulujących stwierdzenia zgodne z prawdą; każde naruszenie spowoduje, że wiadomość zostanie uznana za celowe oszustwo. Zawierają: Informacje o ilości „ilość" odnosi się do ilości rozdawanej. Większość z nas stara się podawać wystarczającą ilość danych, aby odbiorca zrozumiał nasz przekaz – ani za mało, ani za dużo nie może wprowadzić w błąd. Manipulatorzy mogą jednak bawić się tą ilością, ukrywając pewne fragmenty, które uznają za nieistotne dla ich argumentacji, lub zatajając informacje, które ich zdaniem podważą tę argumentację – praktykę tę nazywa się „kłamstwem przez pominięcie".

Jakość odnosi się do dokładności dostarczanych informacji. Prawdziwa komunikacja jest wysokiej jakości, a kiedy łamiemy tę zasadę, odbiorca słyszy zamierzone nieprawdy, które dają manipulatorowi władzę nad innymi.

Trafność Tutaj mamy na myśli „istotność" informacji związanych z naszym przesłaniem. Aby uniknąć niewygodnego pytania lub uniknąć niewygodnej dyskusji, manipulatorzy często zmieniają temat dla własnej korzyści – albo aby ukryć w sobie słabości, albo przesadnie podkreślić coś, co da im większą władzę nad słuchaczem.

Sposób dostarczenia Prezentacja zależy od sposobu jej „dostarczenia". Język ciała odgrywa w tym integralną rolę. Kiedy słuchamy, fleksja i mimika mogą zdradzić, skąd pochodzi wiadomość; manipulatorzy mogą wyolbrzymiać te cechy, aby subtelnie wprowadzić słuchaczy w błąd, wierząc, że ich przesłanie zamiast tego podkreśla ich zamiary.

Celowe manipulowanie innymi lub przekonywanie ich poprzez oszustwo nie jest nową taktyką; jednakże jego użycie stało się szczególnie skuteczne w dzisiejszym społeczeństwie.
Komunikacja w Internecie i mediach społecznościowych nie zawsze wiąże się ze spotkaniami twarzą w twarz, co ułatwia manipulatorom rozpowszechnianie nieprawdy lub przesadzonych informacji. Manipulatorzy mogliby prosperować, korzystając z takich form komunikacji.

4 Szturchnięcie Nie każda manipulacja jest szkodliwa; czasami potrzebujemy pomocy w podejmowaniu decyzji, które przyniosą nam korzyści na dłuższą metę. Aby osiągnąć ten cel, szczególnie pomocna może być teoria szturchnięcia: rozszerzanie pozytywnego wzmocnienia poprzez delikatne pchnięcia w małych dawkach poprzez różne „szturchnięcia".

Badania Skinnera, czyli behawioryzm, ilustrują, jak użyteczna może być ta teoria. Oferując pozytywne wzmocnienie w postaci nagród za pożądane zachowanie, teoria ta może popchnąć ludzi w pożądanym kierunku.

Jeden z przykładów „szturchania" można zobaczyć tutaj. Chociaż dodawanie drogich produktów może wydawać się przeciwne do zamierzonych, wyniki w rzeczywistości zwiększyły sprzedaż drugiego pod względem ceny produktu, zachęcając klientów do jego zakupu, a wszystko to z korzyścią dla restauratorów i ich zysków.

Richard Thaler jest powszechnie uważany za „ojca" teorii szturchnięcia i został uhonorowany Nagrodą Nobla w dziedzinie nauk ekonomicznych za znaczący wkład w ekonomię behawioralną. Teoria szturchnięcia zapewnia pozytywne wzmocnienie lub „szturchnięcia".

Teoria szturchnięcia może być niezwykle skuteczną teorią ekonomii; jednakże jego zastosowanie wykracza daleko poza ekonomię i obejmuje zachęcanie do zmian zachowań i wpływanie na osobiste wybory, a także zmienianie w ten sposób przyjętych norm społecznych.

Nudging okazał się takim sukcesem, że w 2010 r. rząd brytyjski powołał w Departamencie Zespół ds. Analiz Behawioralnych zajmujący się rozwojem polityki – powszechnie nazywany Jednostką Nudge.

„Szturchnięcia" mogą mieć oczywiste korzyści dla społeczeństwa jako całości, jednak stosowanie takich technik psychologicznych w celu wywarcia wpływu na ludzi może naruszać indywidualne wolności obywatelskie.

5. Manipulacja społeczna

Manipulacja społeczna, nazywana także manipulacją psychologiczną, może być wykorzystywana przez polityków i inne wpływowe osoby dla osobistych korzyści. W swojej najgorszej formie służy jako forma kontroli społecznej, odbierając jednostkom indywidualne prawa, aby zmusić społeczeństwo do zaakceptowania tego, co zostało im dane; ale manipulację społeczną można wykorzystać pozytywnie, jeśli jest wykorzystywana do poprawy zdrowia osobistego lub dobrego samopoczucia.

Manipulatorzy społeczni stosują techniki rozpraszające, aby odwrócić uwagę od ważnych kwestii. Ich propozycje prawdopodobnie przyniosłyby korzyści wszystkim, łącznie z Twoją rodziną i jej przyszłością; wszelkie odmienne opinie byłyby błędne i samolubne – ten typ perswazji traktuje jednostki jak dzieci; system ten stara się przekonać tłum, że za wszystko, co poszło nie tak, odpowiada jego odpowiedzialność, więc uważnie słuchaj, gdy przychodzą porady ekspertów, aby znaleźć rozwiązanie.

Taka strategia polityczna przedstawiałaby jedną kwestię społeczną, ukrywając inną – w celu wywołania niepokojów społecznych i paniki wśród ludności oraz wprowadzenia żądanych przez nią zmian. Jednym z takich przykładów może być sytuacja, gdy jeden z departamentów chce ukryć problemy związane z opieką zdrowotną, zmniejszając budżet na zapobieganie przestępczości, a tym samym wykładniczo podnosząc statystyki dotyczące przestępczości; informacje będą następnie przekazywane na temat rozwiązań problemów związanych z przestępczością przez polityków rozpowszechniających ich prawdy i fakty, które nie zawsze są dokładne (tj. niewłaściwe wykorzystanie statystyk).

Manipulacja społeczna może zająć lata, zanim zamanifestuje się pożądany rezultat.

Manipulacja psychologiczna jest integralną częścią wpływu społecznego. Profesor Preston Ni z Communication Studies opublikował w „Psychology Today" artykuł, w którym opisał tę technikę, w której jedna ze stron rozpoznaje słabość drugiej, zanim celowo podejmie próbę spowodowania braku równowagi sił w celu wykorzystania ofiar dla osobistych korzyści.

Czy to czyni z nas wszystkich marionetki społeczne? Częściowo. Większość z nas przestrzega i dostosowuje się do oczekiwań, aby uniknąć anarchii w społeczeństwie.

Zastanów się przez chwilę, jaki produkt lub gadżet najchętniej chciałbyś kupić: czy polecił go znajomy, czy już go posiada? Bardziej prawdopodobne jest, że jest to coś, co ktoś już posiada lub które widziałeś w reklamie online, co sprawia, że chcesz tego jeszcze bardziej. To po prostu kolejna forma manipulacji społecznej; łatwo można nas przekonać, jeśli stracimy czujność; czy to dobrze czy źle to już indywidualna sprawa każdego człowieka.

Manipulacja społeczna nie zawsze oznacza coś złego. Właściwie zastosowana manipulacja społeczna może w rzeczywistości przynieść korzyści społeczeństwu jako całości. Na przykład wysiłki specjalistów ds. zdrowia mające na celu przekonanie nas, abyśmy spożywali więcej owoców i warzyw poprzez kampanie takie jak „kampania 5 dziennie", a nawet kampanie przeciwko paleniu, które zmniejszyły liczbę palących, a co za tym idzie, zmniejszyły ryzyko związane z chorobami, są przykładami skutecznego przymusu taktyka w najlepszym wydaniu.

Gaslighting – najokrutniejsza forma manipulacji
Zasady takie jak świadomość, że otrzymujesz fałszywe informacje, prowadzą do tego, że ostatecznie zostaną one zaakceptowane jako prawda.

Gaslighting jest nieetyczną formą manipulacji; zapalniczki gazowe powodują, że ich ofiary wątpią w siebie i tracą całą wiarę w siebie, co ostatecznie prowadzi je do dalszych pytań. Prowadzi to do ogromnego cierpienia, gdy ich poczucie własnej wartości ulega erozji. Gaslighting ma na celu destabilizację celu, powodując u niego spustoszenie psychiczne. Manipulatorzy będą stale niszczyć swój cel, zaprzeczając mu lub przekonując, że zawsze się myli; czasami prowadząc ich tą ścieżką, aż nawet zostaną oskarżeni o wymyślanie kłamstw na swój temat. To dlatego ofiary tracą całą pewność siebie; kiedy to nastąpi, są całkowicie kontrolowani przez dominującego wpływowego osobę – jest to przykład psychicznego znęcania się powszechnie spotykany w agresywnych związkach osobistych – przy ciągłych próbach spowodowania, aby ofiara zwątpiła w siebie i kwestionowała wszystko, co pamiętała lub robiła w przeszłych interakcjach z tą osobą wpływowy. W końcu nawet same wspomnienia zostają podważone przez te techniki stosowane przeciwko ofierze, zmuszając ją do kwestionowania nawet tego, co zostało już powiedziane i zrobione w przeszłych interakcjach z daną osobą.

Gaslighting wymaga czasu, zanim stanie się w pełni skuteczny; jego sprawca stopniowo będzie męczył ofiarę, aż w końcu doprowadzi ją do zwątpienia we własne zdrowie psychiczne i zastanowienia się, czy nie miała miejsca manipulacja.

Doktor George Simon jest psychologiem klinicznym z uniwersytetu w Teksasie, który badał osoby o problematycznej osobowości. Wyniki badań utwierdziły go w przekonaniu, że niektóre osobowości, zwłaszcza psychopaci, są zdolni do manipulacji; zniekształcanie faktów i używanie agresywnego języka w celu zasiania wątpliwości w umysłach ofiar i spowodowania, że zwątpiły w siebie i ostatecznie uwierzyły, że manipulator ma rację; ostatecznie stają się bezbronnymi celami pod jego kontrolą.

Oświetlenie gazowe nie ogranicza się również do osób fizycznych; Wykorzystywały go także podmioty polityczne. Maureen Dowd jest jedną z takich autorek i felietonistek, które stosują tę taktykę.
Zapewniła, że administracja Hillary Clinton użyła przeciwko przeciwnikowi technik oświetlenia gazowego – te techniki często wywoływały u Newta Gingricha z przeciwnej partii politycznej pozory histerii. Dziennikarze i psychologowie uważają także, że Donald Trump stosował takie metody zarówno podczas kampanii prezydenckiej, jak i podczas sprawowania urzędu. Na przykład zauważają, jak często coś mówi, zanim później to wycofuje lub w ogóle zaprzecza; które zaliczają do klasycznych technik oświetlenia gazowego.
Twój partner oszukuje i manipuluje Tobą

Przyjrzyjmy się kilku przykładom manipulacji, które pojawiły się w relacjach osobistych. Być może potrafisz rozpoznać w sobie niektóre z tych cech?

Manipulatorzy mają tendencję do obsesji na punkcie kontroli; im więcej mocy posiadają, tym głębiej ich zęby wbijają się w ofiarę.

Będą naruszać osobiste granice innych osób poprzez działania takie jak szpiegowanie i szpiegowanie lub podejmowanie odważnych, otwartych działań. Aby im to umożliwić, żadne przedmioty osobiste, takie jak telefony czy komputery, nie będą w Twoim posiadaniu; Twoje hasła mogą nawet zostać skradzione bez Twojej wiedzy.
Tymczasem zaciekle strzegą własnych granic, jeśli ich przestrzeń osobista zostanie w jakiś sposób naruszona.

Wymuszone działania, takie jak blokowanie dostępu do określonych znajomych, mogą mieć miejsce, gdy ktoś odmawia udostępnienia tego, co należy wyłącznie do niego, na przykład uniemożliwiając odwiedzanie własnego kręgu znajomych. Na początku dadzą jasno do zrozumienia, że nie lubią tych znajomych, choć w głębi serca postrzegają ich jako potencjalne zagrożenie; zazdrość ma swój bieg i może nawet stać się agresywna.

Jeśli podejmiesz decyzję bez uprzedniej konsultacji z nimi, nie będą zadowoleni. Nie chcą, żebyś korzystał z wolnej woli, bo pewnego dnia może to doprowadzić do ich opuszczenia!

Kontrola może mieć formę porady; jednakże nie masz dużego wyboru, jeśli chcesz to zaakceptować. Instruują Cię, co masz robić i jak się zachować.
Partnerzy manipulujący zazwyczaj chcą dokładnej wiedzy o Twoim codziennym harmonogramie, a wszelkie odstępstwa od niego prawdopodobnie skłonią ich do dalszego zbadania Twojej sprawy. Jeśli pojawi się coś, co ich zaskoczy, z pewnością będą o to pytać i przesłuchiwać.

Zauważ, że często krytykują wszystko, co mówisz publicznie i bagatelizują Twoje opinie i myśli, aby potwierdzić swoją władzę nad Tobą.

Ci ludzie nie tylko szybko cię krytykują, ale często posuwają się o krok dalej: oskarżają cię o kłamstwo lub słabą pamięć; czasami nawet mam czelność nazwać cię manipulatorem!

Kontrolujących manipulatorów nigdy nie można zadowolić; kiedy myślisz, że osiągnąłeś ten cel, przesuwają go jeszcze raz, pozostawiając cię niepewnego, na jakim etapie jest twój związek.

Czy jesteś zaangażowany w związek, w którym dochodzi do przemocy? Bez wątpienia relacje manipulatorów będą prawdopodobnie nieszczęśliwe. Manipulatorzy są zwykle nieprzewidywalni i mogą nagle stać się agresywni, gdy ich zasady zostaną naruszone.

Przerwanie związku, w którym doszło do przemocy, nigdy nie jest łatwe, ale istnieją środki, które mogą w tym pomóc. Gdy będzie to już bezpieczne, poszukaj w Internecie lokalnych organizacji, które wspierają ofiary agresywnych partnerów. Usuń także swoją historię przeglądania, ponieważ nic nie pozostanie prywatne dla manipulatora. Na początku jest to stresujące, ale należy natychmiast szukać niezbędnej pomocy.
Twoi przyjaciele wykorzystują Cię, aby zmanipulować Cię, abyś wykonał swoje ruchy.

Bez wątpienia tworzenie więzi w nowym środowisku może być trudne, a czasami proces ten może nawet wydawać się zastraszający lub wrogi! Kiedy jednak to nastąpi, ludzie często czują się jak ryba w wodzie – tego uczucia wyobcowania nigdy nie należy ignorować! Wszyscy potrzebujemy przyjaciół w życiu, a nauczenie się, jak ich przyciągnąć, powinno być postrzegane jako niezbędna umiejętność, którą posiada każda osoba. Istoty ludzkie są z natury zwierzętami społecznymi i szukają towarzystwa innych – jest bardzo niewiele wyjątków od tej reguły!

Wybieranie znajomych — utwórz idealny profil przedstawiający jakich znajomych chciałbyś mieć.

Oto trzy szerokie kategorie przyjaciół:

Witam i żegnam moich znajomych (przyjaciół).

Osoby, które spotykasz w zwykłych okolicznościach – np. w pracy – stają się Twoimi przyjaciółmi niemal automatycznie, na przykład poprzez przywitanie się i pożegnanie podczas codziennych spotkań; jednak poza tą wspólną przestrzenią ci przyjaciele (którzy w rzeczywistości mogą być tylko znajomymi) rzadko pozostają zaangażowani poza tymi interakcjami; choć miło jest ich znać i korzystać z ich umiejętności, gdy zajdzie taka potrzeba, niekoniecznie muszą się zaliczać do twoich prawdziwych sojuszników (Grecy wierzą, że prawdziwe przyjaźnie można policzyć tylko na jednej ręce – o czym warto pamiętać!).

Przyjaciele od drinków, partnerzy w golfa i towarzysze zakupów – przyjaciele, którzy lubią spędzać czas na zabawie, przychodzą i odchodzą w życiu. Dzielą się z Wami tym, co sprawia, że życie staje się zabawą, bo sami się tym cieszą, często się śmieją i czerpią przyjemność ze spędzania czasu w swoim towarzystwie. Chociaż tacy przyjaciele niekoniecznie angażują się w długie rozmowy na temat sensu życia lub rzeczywistości związanej ze zmianami klimatycznymi, te luźne powiązania społeczne, które tworzą się z czasem, stają się nieocenionymi towarzyszami.
Każdy lubi się dobrze bawić, więc gdy tylko nadarzy się okazja, wszyscy przeżyją razem przyjemne doświadczenie – choć ich relacja z tobą nie jest zbyt szczegółowa.

Duszni przyjaciele
To są Twoi przyjaciele, z którymi możesz rozmawiać przez telefon o 3:00 w nocy — na tych, na których możesz liczyć, będą gotowi i chętni do rozmowy, jeśli zakłócisz ich sen o 3:00 w nocy! Z tymi ludźmi u boku podczas podróży nie zabijecie się nawzajem przed dotarciem do Route 66!

Długie, znaczące rozmowy, wspólne sekrety i wzajemne wsparcie definiują te przyjaźnie. Ludzie, którzy pozostają przy Tobie na dobre i na złe, są prawdziwymi bratnimi duszami; te osoby rozumieją Cię intymnie, podczas gdy Ty odwzajemniasz ich życzliwość w naturze. Niektórzy przyjaciele mogą być przy Tobie od urodzenia aż do śmierci, innych poznajesz po drodze. To, co odróżnia te przyjaźnie od tych, które z czasem zanikają lub przeciętnych towarzyszy, to głębokość ich relacji. Trudno jest znaleźć przyjaciół duchowych, a kiedy znów się spotkamy, możemy mieć wrażenie, jakby w ogóle nie minął czas. Zaczynacie od miejsca, w którym skończyliście, ponieważ znacie się tak dobrze; jakby los z góry przesądził, że to będą twoi przyjaciele. Bratnie dusze odzwierciedlają naszą tożsamość i to, co jest ważne w naszym życiu; co więcej, są tam, gdzie kogoś potrzebujesz, ponieważ dokładnie wiedzą, kim jesteśmy.

Tworzenie prawdziwych przyjaźni wymaga czasu.

Prawdziwa przyjaźń nie pojawia się z dnia na dzień. Z biegiem czasu, dzięki prawdziwej chemii między zaangażowanymi stronami, tworzą się trwałe i intymne przyjaźnie. Podobnie jak związki romantyczne, prawdziwa przyjaźń opiera się na tej samej fundamentalnej wymianie chemicznej, która przemawia bezpośrednio do obu zaangażowanych stron – jak wewnętrzna pieśń, która przemawia bezpośrednio do obu stron. Wiesz, kiedy jest to realne, ponieważ te więzi nie tworzą się same – raczej istnieją istniejące wcześniej rzeczywistości, które rozpoznajesz i na podstawie których działasz. Kiedy prawdziwi przyjaciele duszy pojawią się w Twoim życiu po raz pierwszy, ich wpływ będzie niezaprzeczalny: od razu będziesz wiedział, że ktoś, z kim natychmiast się łączysz, jest dla nich przeznaczony (wraz z byciem)!
Soul Friends mogą odegrać nieocenioną rolę w Twoim życiu aż do jego zakończenia, zarówno fizycznego, jak i duchowego. Wiemy, że tam są, wiedząc, że możemy podnieść słuchawkę i zadzwonić w dowolnym momencie, aby znaleźć ich gotowych do rozmowy; dzięki tym przyjaciołom naprawdę warto żyć! To właśnie czyni je wyjątkowymi i niezwykle niezbędnymi.

Chociaż łatwo jest rozpoznać naszych duchowych przyjaciół na pierwszy rzut oka, świat często może to utrudniać. Jednak raz uformowani przyjaciele duchowi pozostają wytrwali pomimo nieufności naszej kultury: nie przestaną cię szukać i nie przestaną próbować; z czasem więź między wami stanie się niezniszczalna i zyskasz sojusznika na całe życie.

Oto, jak możesz stać się biegły w nawiązywaniu nowych znajomości:

Czy przemyślałeś
Czy kiedykolwiek czułeś się niezręcznie spotykając kogoś, ale szybko poczułeś się komfortowo w tej obecności już po dwóch minutach spotkania? Pamiętaj, że spotkanie nowej osoby nie daje żadnych wskazówek co do jej charakteru i zachowania; zatem daremne byłoby przesadne analizowanie wszystkiego?

I znowu, zakładanie, że poznawanie nowych ludzi będzie przerażające, tylko sprawi, że w danej chwili będziesz się bać i może zmienić spotkanie z kimś nowym w coś, czego nie lubisz lub całkowicie nie lubisz. Najczęściej nieśmiałość w stosunku do ludzi wynika ze strachu, który uniemożliwia nam nawiązanie znaczących relacji na całe życie

– złe doświadczenia z innymi ludźmi znacząco utrudniają ten proces rozwoju; dlatego tak ważne jest, abyśmy jak najszybciej pozbyli się tej iluzji przerażających spotkań! Aby przeciwstawić się tej tendencji i upewnić się, że tworzymy znaczące więzi, powinniśmy porzucić wszelkie założenia, że spotykanie ludzi wzbudzi w nas strach, ostrożność lub w ogóle niechęć do nich - wyzbądź się tego poglądu, aby uwolnić się od gotowości do tworzenia znaczących, długotrwałych więzi, które powinny przetrwać trwający całe życie. Dlatego najlepiej byłoby, gdybyśmy pozbyli się tej iluzji, że spotkanie kogoś wzbudzi w nas ostrożność, w przeciwnym razie dojdzie do obrzydliwych spotkań; zwykle prowadzi nas drogą poczucia niezręczności lub nieśmiałości wobec kogoś (lub jakiegokolwiek spotkania). Życie zamyka nas w indywidualnych silosach izolacji, co budzi nasze podejrzenia, utrudniając życie i próbując nawiązać trwałe połączenia, może to zająć dziesięciolecia! Rozwiązaniem jest wyzwolenie się z mitu, że spotkanie z kimś sprawi, że spotkanie kogoś lub kogokolwiek stanie się nowym – zamiast tego spróbuj wyzbyć się przekonania, że spotkanie z kimś będzie oznaczać strach przed tą osobą, a nie spotkanie z ideą, że spotkanie kogoś nowego oznacza w ogóle zrobienie czegokolwiek ...
Spotkanie z nieznajomym może być zniechęcające, więc przestań zastanawiać się, jak podejść do pierwszej rozmowy; jak budować znaczące połączenia, które mogą wzbogacić Twoje życie. Nadmierne myślenie o tych ważnych relacjach może sprawić, że pozostaniemy samotnymi i odizolowanymi ludźmi, którzy nigdy tak naprawdę nie łączą się ze sobą w autentyczny i trwały sposób, tak jak powinni to robić ludzie.

Kto wie, czy druga strona nie denerwuje się spotkaniem z Tobą? W tych niepewnych czasach większość z nas nie ufa sobie nawzajem i zastanawia się, czy spotykana przez nas osoba ma prawdziwe motywy i intencje. Najprawdopodobniej tak; zaufanie między jednostkami zostało utracone.

Zrelaksuj się i utwórz w umyśle pozytywny obraz tego pierwszego spotkania; taki, który przedstawia zdrowie. Niestety, wielu może Cię niesprawiedliwie ocenić na pierwszy rzut oka. Każdy niesie ze sobą kulturowe założenia na temat tych, które warto znać. Ty prawdopodobnie też. Kluczem do otwarcia się na innych i umożliwienia wszechświatowi połączenia się jest otwarcie się i pozwolenie, aby sprawy rozwijały się organicznie – to działa cuda! Przyjaciele, których warto mieć, wiedzą, że ocenianie wyłącznie na podstawie powierzchownych cech jest nierozsądne. Strach mieszka tylko w naszych umysłach – usuń go! Odłóż na bok wszelkie uprzedzenia i obawy i zaufaj swojej intuicji, aby skutecznie czytać ludzi. Zaufaj sobie i swojej wiedzy — nauczyłeś się wystarczająco dużo o ludziach, aby rozpoznać, kiedy są uczciwi, a kiedy nie, czytając ich maniery, wzorce mowy i wskaźniki niewerbalne, które ujawniają, kim naprawdę są. Zaufaj sobie i polegaj na sobie; nie ma się czego bać; nie ma powodu do podejrzeń i wahań!

Teraz jesteś więcej niż przygotowany, aby wskoczyć w interakcje społeczne i znaleźć osoby o podobnych poglądach jako przyjaciół. Twoje nowo nabyte umiejętności z zakresu psychologii społecznej powinny znacznie ułatwić wyszukiwanie.
Ustal bardzo szybko, kto jest zły, a kto dobry. Chociaż Wielki Zły Wilk może nadal istnieć, stałeś się sprawną i zdolną jednostką świadomą społecznie; nie jesteś już podatny na to, aby ktoś zasłonił ci oczy. Twoja nowa wiedza ułatwi ci rozróżnienie, kto spośród spotkanych osób może zostać twoim prawdziwym przyjacielem; koniec z domysłami – teraz, gdy rozumiesz już zasady!

Poruszaj się we własnym tempie
Jeśli przez dłuższy czas nie miałeś kontaktu towarzyskiego, poznawanie nowych ludzi może wydawać się zniechęcające, gdy zaczniesz na nowo nawiązywać kontakt (np. na seminarium lub imprezie). Podejmij to we własnym tempie. Możesz jednak uniknąć tego dylematu, szukając przyjaciół lub znajomych, o których wiesz, że będą obecni na nadchodzącym wydarzeniu i spotykając się z nimi przed uczestnictwem w nim - to uspokoi Cię, gdy ponownie wkroczysz w sytuacje towarzyskie. Zanim dotrzesz na wydarzenie, Twój niepokój powinien znacznie ustąpić. Świadomość, że ktoś będzie obecny, może przedstawić Cię innym, podczas gdy Twoi przyjaciele prawdopodobnie wyczują wszelkie napięcie, które odczuwasz i będą tam jako wsparcie – nigdy nie wahaj się poprosić o pomoc kogoś, kogo znasz; od tego są przyjaciele! Jak odkryliśmy w tej książce – zapewniają one nieocenione wsparcie!

Czy chcesz wznowić życie towarzyskie po izolacji? Oto kilka skutecznych rozwiązań ułatwiających przejście:

Zacznij od skontaktowania się ze znajomymi – „witaj, do widzenia" to łatwy pierwszy krok, który wiąże się z minimalnym ryzykiem.

Poszerz swój krąg znajomych, aby uwzględnić małe grupy znajomych, których już masz; po prostu obserwować, jak ludzie się odnoszą; powrót do nawyku przebywania w towarzystwie ludzi w grupach bez poczucia zastraszenia lub zastraszenia. To nie musi być onieśmielające; bierz wszystko powoli.
Poszerzaj swój krąg znajomych, dołączając do znajomych na spotkaniach, w których biorą udział, z nowymi osobami. Kiedy usłyszą, że chcesz znowu prowadzić aktywne życie towarzyskie, większość chętnie pomoże!

Wyjdź poza swoją strefę komfortu i przyjmij zaproszenia do spotkań towarzyskich z osobami spoza zwykłego kręgu znajomych. Mówią, że najsłodszy owoc leży na krawędzi, więc wyjdź! Ciesz się nowymi doświadczeniami z nowymi ludźmi, dowiadując się więcej o sobie i innych - dlaczego ludzie nie mieliby chcieć poznać kogoś tak fascynującego i inteligentnego jak ty?

Bądź proaktywny w kontaktach towarzyskich! Podejmij aktywne podejście do poznawania nowych ludzi.

Kiedy już poczujesz się komfortowo ze wznowieniem kontaktów społecznych i nie będziesz już czuł się odizolowany od innych, możesz proaktywnie szukać osób, które już znasz, a także nowych osób. Przyjaciele i znajomi stanowią podstawę więzi społecznych, ale powinieneś rozszerzyć swoją działalność na obszary, które mogą być nieznane, takie jak:

Dołącz do grupy, która podziela Twoje hobby i inne zainteresowania.

Zarejestruj się, aby wziąć udział w warsztatach lub wybrać kierunki studiów, które Ci odpowiadają, takie jak warsztaty lub kierunki studiów, które mają wspólne zainteresowania. Łatwo będzie Ci nawiązać przyjaźnie w takich grupach, w których wszyscy członkowie mają wspólne cele.

Zgłoś się na ochotnika, a odkryjesz, że służenie sprawia Ci przyjemność, jednocześnie nawiązując nowe przyjaźnie. Co więcej, wolontariat to doskonały sposób na rozwijanie umiejętności i zdolności, które być może chciałeś udoskonalić. Podobnie jak warsztaty lub grupy, wspólne zainteresowania zapewniają wspólny punkt łączący członków grupy wolontariuszy – a wolontariat nie jest wyjątkiem!
Przyjmuj zaproszenia na przyjęcia urodzinowe, uroczystości towarzyskie i inne spotkania, podczas których mogą spotkać się osoby, z którymi chcesz nawiązać kontakt. Przełam wszelkie bariery, które mogą uniemożliwić kontakt osobom, z którymi chcesz się spotkać.

Weź udział w wydarzeniach towarzyskich i „spotkaniach" z ludźmi o podobnych zainteresowaniach. Dodatkowo pomocne może być regularne chodzenie do barów; wszędzie są ludzie, którzy szukają kogoś interesującego do rozmowy; może tak jak Ty też chcą wyjścia z izolacji lub stagnacji społecznej! Tylko Ty jesteś odpowiedzialny za poszerzanie swoich horyzontów – nikt inny nie będzie ich za Ciebie poszerzał.

Dołącz do społeczności internetowych – mogą one być wirtualne, ale z własnego doświadczenia wiem, że mogą prowadzić do przyjaźni w świecie rzeczywistym. Na przykład poznałem wielu przyjaciół z prawdziwego świata za pośrednictwem Facebooka i innych społeczności internetowych; czasami dzielenie się przemyśleniami na piśmie ułatwia komunikację niż werbalną; może to pomóc w budowaniu trwałych relacji, które przetrwają dłużej niż pierwsze spotkanie! Ponadto możesz przeanalizować styl pisania potencjalnego nowego przyjaciela, zanim go faktycznie poznasz!

Przejąć inicjatywę

Nie musisz czekać, aż ludzie do ciebie podejdą; w końcu mogą być równie powściągliwi jak ty. Nikt nie rodzi się znając nikogo poza rodziną; nawet wtedy spotkanie ludzi często może zakończyć się sukcesem. Po prostu zwracaj się do ludzi, zadając proste pytania, takie jak „jak się masz" i „skąd jesteś". Bycie otwartym na otaczających Cię ludzi sprawi niesamowitą różnicę w tym, jak chętnie ludzie będą się przed Tobą otwierać!

Pamiętaj, że próbujesz przełamać lody między sobą a nieznajomym, więc nie rozmawiaj za dużo. Bądź przyjazny, ale nie natrętny i nie denerwuj się, jeśli inni nie zareagują natychmiast – jeśli to możliwe, postaw się na ich miejscu. Wykorzystaj lekcje z tej książki, aby ocenić, na czym stoją, i tam się z nimi spotkaj. Bądź delikatny w osądzaniu innych – każdy w pewnym momencie osądza każdego! Poświęć czas na spotkania między osobami, podczas których obaj uczestnicy mają nadzieję na wzajemne objawienie.

Odrzuć wszelką pokusę osądzania.

Nikt nie jest doskonały – dotyczy to także Ciebie. Natura ludzka skłania nas do dość surowego oceniania ludzi przed ich poznaniem, co wynika z naszego instynktu przetrwania i każe nam unikać tych, którzy potencjalnie mogą nam zagrozić. Jednak współcześni ludzie mają do dyspozycji skuteczniejsze narzędzia, w tym umiejętności języka niewerbalnego, które pozwalają im identyfikować osoby, które nie pasują do tego, czego oczekują od towarzysza.

Pozostawanie otwartym na osoby, które spotykamy, jest bramą do głębszych przyjaźni, ponieważ pomaga nam bardziej akceptować styl, wygląd i postawy innych. Nieodrzucanie ludzi z powodu drobnych dziwactw jest kluczem do większej akceptacji tego, kto może wejść do naszego kręgu – w tym jest sekret! Czasami najbardziej nieoczekiwana osoba z czasem staje się naszym najprawdziwszym przyjacielem. Każdy szuka przyjaźni, ale przed wyborem przyjaciół, z którymi chce spędzić życie, powinien stale zadawać sobie pytanie, czy spełniamy własne kryteria. Jak wielokrotnie powtarzałem w tej książce, poznanie siebie jest kluczem do poznania innych – nie zapomnij stawić czoła własnym wyzwaniom, zanim odrzucisz potencjalnych przyjaciół z ich powodu!

Ludzie są istotami emocjonalnymi, które w niewielkim stopniu zwracają uwagę na logikę i racjonalność, co prowadzi ich do podejmowania decyzji w większym stopniu w oparciu o emocje niż logikę i zdolności rozumowania. Znajduje to odzwierciedlenie w doniesieniach mediów; często przedstawiają lub zgłaszają zdarzenia z emocjonalnym uprzedzeniem, które mogą wywołać podobne reakcje widzów podczas ich transmisji.

Ważnym elementem zrozumienia, jak ludzie reagują na perswazję, są emocje. Emocje dostarczają obfitej energii, która pozwala nam ukończyć każde zadanie; nawet sprzedaż determinowana jest przez bodźce emocjonalne generowane podczas prezentacji; nie ma znaczenia, jak logiczne możesz przedstawić rzeczy; ostatecznie potencjalny klient będzie musiał kupić Twój produkt ze względu na reakcje wywołane podczas tych rozmów.

Z drugiej strony logika opiera się na faktach i liczbach; takie jest uzasadnienie i uzasadnienie każdej omawianej kwestii. Na nieszczęście dla sprzedawców, którzy sprzedając produkty i usługi polegają wyłącznie na logice; jeśli ich filozofia w większym stopniu opiera się na emocjach, sprzedaż będzie łatwiejsza i skuteczniejsza.

Czy wierzysz, że ludzie są istotami racjonalnymi? Na podstawie jakiej logiki powstają decyzje i opinie? Czy człowiek różnie reaguje w zależności od stale przedstawianych faktów? Są to pytania niezbędne dla dociekliwej osoby, aby uzyskać wgląd w interakcje emocji i logiki, wpływając pozytywnie na innych ludzi.
Twoja umiejętność przekazywania logicznych informacji w sposób emocjonalny wywoła u odbiorców więcej reakcji niż zwykłe przekazywanie faktów i logiki bez rezonansu emocjonalnego, co nieuchronnie skutkuje brakiem pozytywnych reakcji ze strony słuchaczy. Rozum przekonuje ludzi, emocje motywują do podjęcia zdecydowanych działań, które przynoszą świetne rezultaty.

Przyjrzyjmy się kilku sposobom wpływania na innych poprzez połączenie emocji i logiki, na przykład:

Stwórz wspólną tożsamość z innymi

Jedną z metod kontrolowania ludzi jest budowanie relacji i znajdowanie z nimi jak największej wspólnej płaszczyzny porozumienia. Popularny idiom głosi, że „do splątania potrzeba dwóch osób", więc aby na kogoś wpłynąć, obie zaangażowane strony muszą mieć podobne cele, doświadczenia i pomysły – w ten sposób staje się to znacznie łatwiejsze. Wspólne płaszczyzny w partnerstwach lub związkach są zwykle łatwiejsze, gdy ludzie mają podobną tożsamość, a nie, gdy kultura jest warstwą dodaną. Kiedy tworzymy podobieństwa charakteru, jednoczymy się poprzez wspólne cele i zadania, wzajemne wsparcie emocjonalne, logikę wspólnych przekonań, wspólna wizja, misja staje się rzeczywistością.

Głębokie badanie systemu przekonań partnera

Nie można mieć głębokiej i wzajemnie satysfakcjonującej relacji z kimś, kogo nie do końca rozumie się pod względem cech osobowości i innych niezbędnych tendencji psychologicznych. Jednakże dogłębnie studiując ich system wierzeń, możesz lepiej je zrozumieć i stopniowo wpływać na nie dla własnej korzyści.

Poszukiwanie sposobów uznania swoich uprzedzeń

Wywarcie wpływu na osobę o innych przekonaniach jest często trudne, niezależnie od jakości Twojej logiki. Zamiast tego poszukaj skutecznych strategii, aby odwołać się do jego uprzedzeń, skutecznie wykorzystując kartę uprzedzeń. Jak możesz to robić? Zaangażując go bezpośrednio w te sprawy.
Przyciągnięcie kogoś wymaga poznania preferowanych przez niego pomysłów i punktów, a następnie zaprezentowania ich. Dzięki takiemu podejściu Twój cel poczuje się w Twoim towarzystwie zrelaksowany i będzie miał większy dostęp do swojego życia prywatnego.

Unikanie walki lub ucieczki w dyskusjach

Wpływanie na ludzi za pomocą logiki i emocji działa najlepiej, gdy spotkania i dyskusje są prowadzone bez przykładów zachowań typu „walcz lub uciekaj", takich jak konflikty i nieporozumienia w związkach, które prowadzą do ucieczki lub walki. W takich momentach racjonalność zostaje błędnie zinterpretowana, cele nieosiągnięte, a argumenty nie mogą prowadzić do postępu w atmosferze walki lub ucieczki.

Celem doświadczonego manipulatora jest utworzenie niezdrowej, długotrwałej relacji ze swoim celem i utrzymanie nad nim całkowitej kontroli, co przyniesie korzyści tylko jemu samemu. Efektywne partnerstwo wymaga równego wsparcia pomiędzy jego uczestnikami. Jeśli wydaje się, że jeden z partnerów zawsze oferuje więcej, może to być wyraźny znak, że Twój małżonek może nie być szczery w kwestii swoich zamiarów w związku. Manipulacja psychologiczna ma miejsce, gdy jedna ze stron próbuje stworzyć brak równowagi sił w celu wykorzystania drugiej osoby. Manipulacja może objawiać się na różne sposoby, jednak wspólnym wątkiem jest to, że jedna osoba, manipulator, odniesie korzyść, podczas gdy inna osoba – zwykle nazywana ofiarą – nie może zostać skrzywdzona. Niektóre osoby angażują się w związki, nie zdając sobie sprawy, że weszły w toksyczne. Na pierwszy rzut oka ich partnerstwo może wydawać się nieszkodliwe, nic jednak nie wskazuje na to, że w kontaktach z manipulatorem czekają ich późniejsze stresy i komplikacje. Metody przymusu, takie jak ta, umożliwiają manipulatorom dotarcie do celu i przejęcie nad nim kontroli bez jego osobistej znajomości. Naturalnie, relacje nie rozpoczynają się od dramatu lub taktyk pozbawiających manipulatora autonomii; kiedy zaczynali od celu, poszli w zupełnie innym kierunku; z biegiem czasu tego typu podejście może stać się skuteczne.

Początkowe zachowania polegające na poszukiwaniu uwagi prawdopodobnie nie sprawią im żadnych problemów; Jednakże, gdy ich cel staje się głęboko osobisty i ważny dla nich obojga, może to stanowić przeszkodę w postępie.
W tym momencie manipulator zaczyna zmieniać strategię. Zmiana ta nie nastąpi z dnia na dzień, ale może zająć kilka tygodni, aby osiągnąć swoje cele na czas. Na tym etapie ich uwaga mogła być tak skupiona na utrzymaniu i wzmacnianiu małżeństwa, że wszelkie problemy lub nadużycia są łatwiej niż wcześniej przeoczane.

Najwyraźniej istnieją pewne wskaźniki wskazujące na to, że ktoś jest manipulatorem w Twoim związku. Rozsądnie jest sprawdzić te sygnały, jeśli podejrzewasz, że ktoś w twoim małżeństwie może być trujący i powodować kłopoty lub potencjalnie być wykorzystywany przez siły zewnętrzne jako osoba wpływowa lub manipulator:

Manipulatorzy będą zachęcać Cię do wyjścia poza strefę komfortu na różne sposoby, wykorzystując presję społeczną, siłę fizyczną i manipulację psychologiczną, a wszystko to użyte jako broń mająca na celu odwrócenie zainteresowań od tego, do czego powinni dążyć. To oni sprawują kontrolę i dbają o to, aby ich interesy szły w parze z interesami innych. Stają się tym, który będzie miał nad tobą władzę podczas całej tej podróży.

Gdy tylko Twoja pewność siebie zacznie spadać, manipulacja staje się łatwiejsza dla każdego, kto próbuje Cię wykorzystać. Nasze zaufanie szybko zostaje nam odebrane, gdy manipulatorzy szybko je wykorzystują, sprawiając, że czujemy się mniej niż wspaniali i wykorzystując nasze słabości dla osobistych korzyści.

Sekretne leczenie. W tej technice przyjmuje się każdą drobną pogardę ze strony manipulatora i wyolbrzymia ją, aby stworzyć dla siebie nieprzyjemną sytuację i zagrozić swojemu celowi. Korzystamy z cichego leczenia, dostarczając powiadomienia e-mail, powiadomienia pocztą głosową, wiadomości tekstowe i e-maile, aż w końcu zakończymy to, gdy zajdzie taka potrzeba. Utrzymanie wszystkiego pod kontrolą, wiedząc, kiedy zakończy się leczenie ciszą, może przynieść tylko więcej problemów dla nich samych i wszystkich zaangażowanych osób.

Podróż wyrzutów sumienia. Nikt nie lubi czuć się odpowiedzialny, dlatego gdy doświadczamy poczucia winy, staramy się jak najszybciej je załagodzić. Manipulator dobrze o tym wie i użyje każdej wymówki, jaką znajdzie, aby wyjaśnić swoje działania. Niezdrowe małżeństwa często pogrążają się w nierozwiązanych konfliktach, które z różnych powodów pozostają nierozwiązane, bez kontaktu między partnerami i bez zamiaru manipulatora celowego rozwiązywania konfliktów. Jeśli taka jest Twoja sytuacja, prawdopodobnie byłoby łatwiej i lepiej, gdybyś udawał, że dialog się rozpoczął lub zakończył, zamiast współpracować nad rozwiązaniem tego problemu.

Teraz możemy zdać sobie sprawę, że takie podejście do małżeństwa nie jest idealne. Nikt nie chce czuć się uwięziony w związku, w którym zawsze wydaje się, że inna osoba ma kontrolę nad naszym życiem i podejmuje za nas decyzje, a nie my sami zarządzamy naszym życiem. Zatem nie wykorzystując w pełni samych siebie, musimy znaleźć kogoś, kto wesprze tę strategię, abyśmy nie wykorzystywali samych siebie. Zanim jednak pójdziemy zbyt szybko do przodu, musimy najpierw odpowiedzieć na kilka kluczowych pytań, aby ustalić, czy nasz współmałżonek rzeczywiście może manipulować. Gdy tylko przejrzymy ten przewodnik, powinieneś mieć lepsze pojęcie, czy twoja przyjaźń jest oparta na przymusie, czy nie. Niektóre środki, które możesz podjąć, aby się chronić, to uznanie swoich praw w przypadku wystąpienia jednego z takich związków partnerskich. Ponieważ przyjaźnie mogą się rozwijać z biegiem czasu, pamiętanie o tym, jak się bronić, może stać się wyzwaniem, gdy manipulator zignorował Twoje potrzeby. Nigdy nie powinniście zapominać, że należy zawsze przestrzegać waszych praw podstawowych i zawsze je szanować. Masz do dyspozycji różne wolności, takie jak szanowanie innych, swobodne wyrażanie opinii i pragnień, wyznaczanie osobistych celów bez ulegania wpływom innych i odmawianie innym. Co więcej, posiadanie odmiennych poglądów niż ktoś może zapewnić bezpieczeństwo psychiczne, psychiczne i emocjonalne oraz, jeśli jest to pożądane, pozwolić na prowadzenie satysfakcjonującego życia niezależnie od drugiej osoby.

Przywileje te mogą zostać Ci na dłuższą metę odebrane przez manipulatorów. Utrzymując kontrole umożliwiające skuteczne podejmowanie decyzji i działanie zgodnie z ich postanowieniami, korzyści te pomagają w utrzymaniu kontroli. Zanim jednak ponownie wkroczysz w jakąkolwiek sytuację, pamiętaj, aby myśleć przyszłościowo. Kiedy spotkasz kogoś, bądź uważny. Poważnie traktuj własne rady, wypowiadając się przeciwko autorytetowi, który chce, abyś działał wbrew jego życzeniom.
Odzyskaj swoją wolność, weź głęboki oddech podczas rozmowy z manipulującym przyjacielem i spróbuj. Tylko Ty jesteś panem swojego życia; więc trzymaj się z daleka. Trzymanie się z daleka jest kluczowe, gdy mamy do czynienia z przyjaciółmi manipulującymi – zrób wszystko, co w Twojej mocy, aby zachować bezpieczną odległość! Trzymanie ich na dystans jest często najlepszą praktyką. Jeśli jest już za późno, przynajmniej spróbuj stworzyć między wami trochę przestrzeni. Zapewnienie im kolejnej okazji, aby dowiedzieć się o Tobie, ocenić Twoje słabe punkty i opracować plany wykorzystania wszelkich przyszłych spotkań z kimś nieuczciwym, daje im tylko większe szanse na wykorzystanie Cię i wykorzystanie Twoich planów na przyszłość. Pierwszą i jedyną skuteczną obroną jest trzymanie się z daleka od nieuczciwych osób. Kiedy poczujesz motywację do zmiany, obierz kurs odwrotny. Pamiętaj, że manipulatorzy próbują sprawić, że poczujesz się źle, próbując pomóc w ponownym zjednoczeniu i ponownym wykorzystaniu cię na swoją korzyść. W twoim najlepszym interesie leży trzymanie się z daleka od tych ludzi; nie wpadnij w ich pułapkę, rozczulając się nad sobą lub wspierając ich sprawę.

Dodatkowym aspektem zachowań manipulatorów jest wykorzystywanie ich luk. Kiedy już poznają Twoje słabe strony, będzie mógł je w pełni wykorzystać przeciwko Tobie - pozostawiając Cię z uczuciem, że nie jesteś w stanie tego osiągnąć, często karząc się za zamieszanie przez nie spowodowane, co ułatwia obwinianie siebie i często karanie się stale, gdy kara z ich strony narasta. Wiedzą, że pozwoli im to utrzymać kontrolę tak długo, jak to możliwe, poprzez ciągłe zmienianie celów, dzięki czemu nigdy nie osiągniesz ustalonych standardów, co powoduje niewybaczalny zamieszanie, które pozwala im nadal osiągać zamierzone cele.

Nie pozwól, aby ta manipulacja była kontynuowana. Staramy się Cię wykorzystać i obwinić za wszelkie niedociągnięcia, abyś nadal czuł się źle i szukał u nich potwierdzenia, aby poczuć się lepiej. Strzeż się twierdzeń manipulatora, że cała wina leży po Twojej stronie – tak naprawdę nie ponosisz za nią żadnej odpowiedzialności; wszystko po to, żebyś poczuł się gorzej.

Zwiększenie skłonności firmy i twoich przywilejów do dawania, wiedza dlaczego i nauka mówienia „nie" zmniejszą kontrolę manipulatora nad tobą. Wiedza o tym, dlaczego „tak" i nauka mówienia „nie" to prawa podstawowe, o których mówiliśmy wcześniej, a mimo to wielu z nich na co dzień nie wyraża tych praw. Wiedza o tym, kiedy nadejdzie Twój czas, oznacza większą kontrolę dla wszystkich zaangażowanych! Wiedza o tym, kiedy nadejdzie Twoja kolej, wymaga pewnej nauki, jeśli chcesz uniknąć stania się częścią ich planu manipulacji. Wiedza o tym, dlaczego tak, oznacza tak, ale naucz się mówić nie, jeśli to konieczne. Celem manipulatorów partnerstwa jest zawsze powiedzenie „tak" pomimo informacji i strategii, których wobec ciebie używają, jeśli dzięki temu czują się komfortowo, mówiąc „tak", gdy nie trzeba tego wyrażać – należy rozszerzyć zrozumienie tego podstawowego prawa, ponieważ to podstawowe prawo może zostać zaniedbane na wielu frontach podczas mówienia nie jest poświęcana wystarczającej uwagi lub praktykowana codziennie, albo poprzez techniki manipulacji, albo w inny sposób, w razie potrzeby, nie udaje się jej w pełni przekazać w codziennym życiu.

Jeśli obawiamy się, że zranimy czyjeś uczucia i obawiamy się, że ich nastawienie może się zmienić, jeśli odmówimy im pomocy, powiedzenie „tak" często może wywołać u nas płacz – powiedzenie „tak" komuś innemu wymaga wielkiej odwagi! Niestety zdarza się to niemal regularnie. Wyobraź sobie, że masz do czynienia z manipulatorem. Umiejętność przeciwstawienia się takim osobom może na początku stanowić wyzwanie, ale wiedza, jak skutecznie sprzeciwiać się ich manipulacji, przywróci ci władzę nad sytuacją. Nie każdemu będzie się podobać ta decyzja i o utrzymanie swojej niezależności trzeba walczyć. Powiedzenie „nie" bez poczucia żalu pozwoli ogólnie na swobodniejszy i zdrowszy styl życia; bycie w toksycznych związkach nigdy nie powinno być postrzegane jako coś pozytywnego. Partnerstwo z manipulatorami wiąże się z wejściem w relację opartą na zaspokajaniu ich potrzeb, co wiąże się z potencjalnymi stratami dla obu stron w czasie. Niestety, nauczenie ich myślenia w ten sposób sprawia, że nie zdają sobie sprawy, że angażują się w takie relacje, dopóki nie jest za późno. Pierwszym krokiem do rozwiązania każdego kryzysu małżeńskiego powinno być nauczenie się rozpoznawania oznak oszustwa, przymusu lub innych trudności, które mogą nękać wasz związek. Zawarcie małżeństwa wymaga czasu i odwagi, zwłaszcza że jego głównym celem od dawna jest budowanie pewności siebie i poczucia własnej wartości w trudnych czasach. Ale kiedy wszystko pomyślnie się połączy, a cel w końcu zrealizuje swoje marzenie, nagroda może być znaczna. Dowiedz się, na czym stoisz i wzmocnij to; wtedy możesz zobaczyć, że życie się zmienia bez konieczności korzystania z zewnętrznego źródła, aby zrobić to za nich. Perswazja Kiedy ludzie próbują zrozumieć, co to znaczy „perswazja", ich odpowiedzi często znacznie się od siebie różnią. Podczas gdy niektórzy mogą skierować swoje myśli w stronę reklam lub reklam zachęcających konsumentów do patronowania pewnym produktom lub usługom nad innymi, inni mogą zwrócić się w stronę polityków próbujących zmienić zdanie wyborców, aby zdobyć dodatkowy głos w lokalach wyborczych – oba przykłady służą temu celowi perswazji. Obie formy są właściwymi przykładami, ponieważ komunikaty te mają na celu zmianę postrzegania przez ludzi omawianych tematów.

Ciemna perswazja różni się od zwykłej perswazji tym, że jej motywacje nie zawsze przynoszą korzyści tym, których się przekonuje; zwykli przekonujący próbują przekonać dla dobra tych, których się przekonuje, podczas gdy mroczni przekonujący często szukają motywacji zarobkowej, która nie zawsze jest korzystna dla tych, których się przekonuje. Mroczny perswadant musi zdobyć pełną wiedzę i zrozumienie osoby, na którą chce wpłynąć, aby określić, co motywuje ją najskuteczniej, zanim zaangażuje się w perswazję lub zachowanie perswazji ze strony tej osoby, zanim zacznie dalej stosować taktykę lub taktykę perswazji, jeśli to konieczne.

Chociaż perswazja zawsze ma konsekwencje moralne, mroczni przekonujący zwykle nie przejmują się nimi zbytnio. Choć są ich świadomi, skupiają się wyłącznie na osiągnięciu swoich celów.

Perswazja jest codziennym zjawiskiem psychologicznym. Możesz albo być osobą, która przekona kogoś innego, albo dać się przekonać, przy czym kluczowa będzie motywacja. Perswazja odgrywa dużą rolę zarówno w środkach masowego przekazu, polityce, reklamie, jak i decyzjach prawnych – o jej skuteczności decydują różne metody perswazji, które wpływają na jej przedmiot.
Perswazja wyróżnia się jako odrębna i istotna forma kontroli umysłu od prania mózgu i hipnozy, przy czym oba wymagają izolacji podmiotu w celu zmiany jego umysłów i tożsamości; perswazja nie wymaga izolacji jako części swojej metodologii.

Aby osiągnąć pożądane cele, stosuje się manipulację wobec poszczególnych podmiotów; perswazja może być również zastosowana wobec jednej osoby; jednakże manipulacja na dużą skalę może potencjalnie zmienić przekonania i decyzje całych społeczeństw, a nawet społeczności.

Perswazja może skuteczniej zmieniać zdanie niż bezpośrednia manipulacja, ponieważ ma zdolność wpływania na wiele osób jednocześnie.

Wiele osób popełnia błąd, wierząc, że ma odporność na perswazję, ponieważ wierzą, że zawsze będą w stanie przejrzeć każdą ofertę sprzedaży, która im się pojawi, i na podstawie logiki wyciągnąć właściwe wnioski.

Ludzie nie zawsze ulegną każdemu przedstawionemu argumentowi, zwłaszcza jeśli użyją logiki. Ponadto perswazja może się nie sprawdzić, jeśli argument nie jest zgodny z czyimiś przekonaniami, pomimo tego, jak silny może wydawać się jego zwolennik.

Są jednak ludzie, którzy rozumieją, jak używać komunikatów perswazyjnych, aby przekonać innych do zakupu nowych gadżetów lub produktów na rynku. Ich subtelna perswazja często pozostaje niezauważona przez cel, co utrudnia im formułowanie opinii na temat dostarczonych im informacji.

Za każdym razem, gdy wspomina się o perswazji, zwykle kojarzy się ją z negatywnymi skojarzeniami, takimi jak oszuści lub sprzedawcy próbujący cię przekonać, że zmiana perspektywy przyniesie im korzyści, i naciska, aż ta zmiana nastąpi.

Perswazji można używać zarówno w dobrym, jak i złym celu; dwa przykłady to perswazja w praktykach sprzedaży i oszukiwania, przy czym perswazja jest wykorzystywana w obie strony; na przykład między organami międzynarodowymi lub w kampaniach użyteczności publicznej wykorzystujących perswazję w ramach porozumień dyplomatycznych oraz kampanie w szczytnych celach, będące przykładami ciemnej perswazji stosowanej odpowiednio skutecznie i z pozytywnym skutkiem. Wszystko sprowadza się do tego, w jaki sposób proces perswazji zostanie wykorzystany.

Jeśli ktoś będzie chciał zmienić zdanie za pomocą perswazji, będzie potrzebował narzędzi i strategii umożliwiających skuteczne wdrożenie technik perswazji, aby odnieść sukces.

Każdy mijający dzień będzie przedstawiał celowi różne formy perswazji. Celem producentów żywności będzie przekonanie odbiorców, aby wypróbowali nowe przepisy lub kontynuowali stosowanie starych; studia mogą bezpośrednio na nich reklamować swoje najnowsze hity kinowe.

Bez względu na to, jaki produkt sprzedają, ich głównym celem jest zwiększenie sprzedaży; stąd ich próby perswazji. Chociaż nie biorą pod uwagę, jak będzie to miało bezpośredni wpływ na Ciebie, muszą więc stosować subtelne techniki perswazji, aby nie ostrzegać ani nie denerwować potencjalnych klientów. Ponieważ może być wiele marek, które próbują Cię przekonać, każda z nich musi znaleźć własny sposób na przekonanie widzów do swojego punktu widzenia.

Ze względu na dalekosiężny wpływ perswazji, jej techniki są badane od dawna, od czasów starożytnych. Wpływ to nieoceniony atut, z którego może skorzystać każdy, niezależnie od okoliczności i kultur.

Od początku XX wieku formalne badania nad technikami perswazji zaczęły zyskiwać na popularności. Pamiętaj, że perswazja polega na przedstawianiu argumentów, które przekonują odbiorców i nakłonieniu ich do zaakceptowania tego przesłania jako nowego sposobu na życie.
Dlatego istnieje ogromna potrzeba odkrycia skutecznych technik perswazji.

Istnieją trzy techniki ciemnej perswazji, które z biegiem czasu udowodniły swoją wartość i omówimy je w tej sekcji.
Stwórz potrzebę
Jedną ze skutecznych strategii przekonania kogoś do zmiany punktu widzenia lub sposobu życia jest stworzenie lub wykorzystanie potrzeby, która już istnieje dla tej osoby, najlepiej w taki sposób, aby była dla niej atrakcyjna i pożądana. Jeśli zostanie wykonana skutecznie i właściwie, taktyka ta może przynieść wielki sukces w przypadku zamierzonego celu.

Aby odnieść sukces w perswazji, osoby perswadujące muszą zwrócić się do tego, co najważniejsze dla docelowej grupy odbiorców – na przykład spełnienia marzeń lub zwiększenia poczucia własnej wartości – lub zapewnienia schronienia, miłości lub jedzenia.

To podejście zawsze się sprawdza, gdyż zakłada, że każdy temat potrzebuje takiej czy innej formy pomocy – innymi słowy, nie ma osoby w potrzebie, która nie marzyłaby i nie dążyła do czegoś w życiu – osoba przekonywająca musi po prostu znaleźć sposobów, w jakie mogą pomóc ofierze osiągnąć te marzenia szybciej i skuteczniej.

Osoby perswadujące często przekonują swój cel, że wprowadzenie pewnych zmian w swoich przekonaniach lub perspektywie pomoże im szybciej zrealizować swoje marzenia, zwiększając prawdopodobieństwo sukcesu.

Przykład: Młody mężczyzna szukający intymnych relacji może obiecać kobiecie, że pomoże jej poprawić oceny i wreszcie sprawi, że rodzice będą dumni, otrzymując piątkę, ale tylko pod warunkiem, że zostanie jego przyjaciółką. Podczas gdy tej kobiecie może się wydawać, że temu młodemu mężczyźnie naprawdę zależy na jej wynikach w nauce, w rzeczywistości może mu zależeć jedynie na zbliżeniu się do niej i zaangażowaniu seksualnym – akademicy to tylko pretekst do większej liczby spotkań seksualnych!
Odwoływanie się do potrzeb społecznych
Osoby perswadujące mogą zastosować inną taktykę perswazji: identyfikowanie potrzeb społecznych swojej ofiary. Chociaż technika ta może nie przynieść natychmiastowych rezultatów, nadal pozostaje nieocenionym atutem w ich zestawie narzędzi.

Osoby, które lubią tłumy i szukają uwagi, w naturalny sposób skłaniają się ku nim, szukając akceptacji poprzez łączenie się w grupy lub posiadanie określonych przedmiotów jako symboli statusu, które dają im poczucie przynależności do wyższej klasy.

Odwołując się do ich potrzeb społecznych, wiele reklam telewizyjnych odnosi sukcesy, odwołując się do decyzji zakupowych widzów, tak aby ich „nie przegapili". Kiedy reklamodawcy potrafią zidentyfikować konkretne potrzeby społeczne grupy docelowej i odwołać się do nich, może to otworzyć nowe obszary zainteresowań tej konkretnej osoby.
Słowa i obrazy używane jako załadowane sygnały

Kiedy kogoś przekonujesz, słowa mają ogromne znaczenie i należy je wybierać ostrożnie, ponieważ każde z nich może mieć inny wpływ. Można powiedzieć to samo na wiele sposobów, ale jedno podejście może okazać się skuteczniejsze od drugiego.

Perswazja wymaga wiedzy, kiedy i jak powiedzieć właściwe słowa we właściwym czasie; słowa są zawsze kluczowymi narzędziami komunikacji, a znajomość odpowiednich słów wzywających do działania ma kluczowe znaczenie dla skutecznej perswazji.

Ciemna perswazja jest jednym z najpotężniejszych narzędzi ciemnej psychologii, choć często jest niedoceniana i zaniedbywana. Być może wynika to z tego, że perswazja jest wyjątkową próbą kontroli umysłu; w przeciwieństwie do alternatyw, które zmuszają niechętny cel do poddania się bez jego udziału; Jednak w przeciwieństwie do perswazji, docelowe decyzje pozostają otwarte, a ich ingerencja jest ograniczona, czasami izolowana, aby wpłynąć na wyniki procesu.

Perswazja działa najlepiej, gdy wszystkie karty są odkryte (aczkolwiek z ukrytymi intencjami w ciemnej perswazji), tak aby jej cel mógł podjąć decyzję, która najlepiej służy jego interesom.

Chociaż pranie mózgu może odnosić się do zmiany myśli i przekonań innych osób wbrew ich woli lub bez ich zgody, jego prawdziwa definicja jest bardziej ekspansywna; obejmuje wszelkie systematyczne próby stosowania przymusu i perswazji stosowane w celu zmiany postaw jednostki lub zmiany jej zachowań w celu zmiany wzorców zachowań i zmiany wyników zachowań.

Taktyki prania mózgu są od dawna stosowane w ramach programów indoktrynacji politycznej, aby nakłonić ludzi do zmiany przekonań na temat polityki lub doktryn religijnych, zwłaszcza w obrębie grup kultowych. Pranie mózgu polega przede wszystkim na zastąpieniu przekonań ofiary przekonaniami preferowanymi przez prześladowcę i odpowiednimi dla środowiska, w którym ona żyje.

Pranie mózgu polega na pozbawieniu jednostki wszelkiej wolności, niezależności i mocy decyzyjnej; zakłócanie codziennych nawyków i zachowań w taki sposób, że wymaga to całkowitego posłuszeństwa autorytetowi oprawcy pod każdym względem. Pranie mózgu często obejmuje przemoc fizyczną, a także groźby obrażeń lub śmierci, jeśli to konieczne, lub dożywocie przed zaszczepieniem nowych przekonań jako akceptowalnego środka na oświecone życie.

Techniki prania mózgu mają na celu kultywowanie dziecięcego zaufania między ofiarą a oprawcą, przy czym ofiary są zachęcane do przyznania się do przeszłych przestępstw lub do popełnienia absurdalnych lub trywialnych błędów w obawie, że wydadzą się winne, zanim inni zdążą sami poddać się praniu mózgu. Jeżeli wcześniej praniu mózgu poddano także innych porywaczy, osoby te mogłyby pomóc we wzmocnieniu tego procesu, krytykując i okazując niezadowolenie z tego, co ofiara zrobiła lub czego nie zrobiła przed innymi członkami społeczeństwa.
Po praniu mózgu porywacze zaczynają otrzymywać zgody i nagrody za swoje czyny.
OBEJRZYJ WIDEO, JAK PRANIE MÓZGU może być częścią mrocznej psychologii

Ciemna psychologia ma miejsce, gdy ktoś stosuje taktykę prania mózgu, aby wpłynąć na inną osobę wbrew jej woli i manipulować nią lub wpływać na nią wbrew jej woli. Każdy z nas posiada wolną wolę, co oznacza, że powinniśmy podejmować własne decyzje, swobodnie się zrzeszać i swobodnie wybierać, z kim się zadajemy; kiedy ta wolność jest odbierana siłą lub przymusem, stanowi to mroczną psychologię.

Osoby pozostające w związkach, w których dochodzi do przemocy, są podatne na pranie mózgu. Mąż może zabronić żonie spotykania się z pewnymi przyjaciółmi pod pretekstem, że będą one miały szkodliwy wpływ, podczas gdy ona powinna podjąć w tej kwestii własną decyzję, gdy dorośnie. Albo, co gorsza, zmuś partnera do noszenia określonych rodzajów ubrań, twierdząc, że są one nieatrakcyjne, aby mógł je lepiej kontrolować.

Życie z agresywnym partnerem jest zarówno zagmatwane, jak i wyczerpujące, często komplikuje życie wszystkich zaangażowanych osób. Będą cię winić i manipulować za rzeczy, za które nigdy nie byłeś odpowiedzialny; aby zachować ich satysfakcję, możesz oddalić się od rodziny i przyjaciół, zmienić sposób ubierania się lub poglądy polityczne; wszystko kręci się wokół nich przeciwko tobie.

Do przemocy w związku dochodzi, gdy jeden z partnerów stosuje taktykę prania mózgu, aby manipulować swoim partnerem i go kontrolować. W rezultacie stają się od nich zależni w zakresie prostych decyzji, takich jak wybór obiadu. Ich życie kręci się wyłącznie wokół uszczęśliwiania partnera za wszelką cenę; i to, co stanowi miłość i jak powinna być wyrażana, zależy wyłącznie od nich - którzy następnie decydują, co dokładnie powinno składać się na szczęście ich kosztem i odwrotnie. Sprawca przemocy jest wówczas odpowiedzialny za zdefiniowanie miłości wyrażanej przez nią, a także wszystkiego, co jest złe w życiu ofiary – tego, jakie potrzeby powinna poprawić, a nawet jak powinna odpowiednio postępować i co stanowi właściwe zachowanie zgodnie z tym, co definiuje jej partner stosujący przemoc. miłość powinna być wyrażana i definiować wszystko w życiu ofiary tak bardzo podobnie - i czego dokładnie chce od niej sprawca, jeśli chodzi o zachowanie zgodnie z tym, jak należy się zachowywać i jakie zachowania stanowiłyby stosowność jakiego dokładnie tego związku.

Przemoc ma wiele form; najczęściej poprzez przemoc emocjonalną, psychiczną i fizyczną. Kiedy ofiary znajdą się w ich uścisku, często nie mogą uciec. Agresywny partner szybko znajduje sposób, aby go poniżać poniżającymi uwagami i obelgami, aby podtrzymać pranie mózgu i znęcanie się. Aby przetrwać psychicznie, czasami będą okresy, w których sprawca przestanie i okaże życzliwość ofierze, tworząc w ten sposób traumatyczne więzi, które sprawiają, że ofiara chce uszczęśliwić swojego sprawcę, aby w zamian być traktowana z ciepłem i życzliwością.

Pranie mózgu należy do mrocznej psychologii, gdy jego ofiara zostaje uwięziona we własnym życiu. Kontrolujący partner w związku może pozbawić partnera zasobów takich jak samochody, pieniądze czy jedzenie, zamieniając go w więźnia w domu, wywołując w nim strach i zmieniając sposób, w jaki postrzega otaczający go świat.

Życie ofiar poddanych praniu mózgu jest zajęte myślami o zadowoleniu sprawcy, nawet jeśli nie stosuje się wobec nich przemocy fizycznej. Nawet jeśli nie doszło do

przemocy fizycznej, ich życie toczy się w cieniu obecności sprawcy; w rezultacie skutki psychologiczne, takie jak zaburzenia lękowe i depresja, często ujawniają się jako objawy.
Proces prania mózgu w skrócie

Pranie mózgu to systematyczne podejście mające na celu pozbawienie danej osoby tożsamości, zmianę przekonań, postaw i wartości, a jednocześnie zmianę procesów myślowych. Manipulatorzy wykorzystują różne etapy lub etapy jako narzędzia prania mózgu swoich ofiar.

Wina
W związku manipulatorzy będą nieustannie podnosić argumenty, w których ich ofiary jawią się jako sprawcy krzywdy, wzbudzając w nich poczucie winy za każdą nieporozumienie i prowadząc do poczucia wstydu za wszystko - jest to pierwszy etap prania mózgu danej osoby.

Zdrada siebie
Zmuszanie do potępiania rodziny i przyjaciół niszczy poczucie własnej wartości, jednocześnie zwiększając poczucie winy; doznania te służą uwolnieniu się od przeszłości i stworzeniu przestrzeni do stworzenia nowej tożsamości.

Moment przełomowy
Kiedy ofiary przemocy fizycznej, werbalnej i psychologicznej czują, że się zdradziły i czują się winne, mogą osiągnąć punkt krytyczny i załamać się emocjonalnie i psychicznie. Niekontrolowany płacz i napady lęku mogą być oznaką, że coś w nich pękło; psychologicznie boją się, że całkowicie się zatracą i żyją w ciągłym strachu przed całkowitą utratą siebie.

Właśnie wtedy, gdy ofiara czuje się bezsilna nad sobą, prześladowca oferuje życzliwość jako wytchnienie od ataku na to, kim jest. W takich momentach, gdy światło pojawia się tam, gdzie panowała ciemność, ofiary odczuwają głęboką wdzięczność wobec napastników – jest to zamierzone działanie sprawcy przed ponownym atakiem.
W czasach, gdy ofiary są wdzięczne sprawcy za pomoc w zapewnieniu im bezpieczeństwa, ostrzejsza strona jego traktowania często wydaje się silniejsza. Mogą czuć, że są coś winni w zamian i zobowiązani odwdzięczyć się za jego dobroć – często poprzez wyznanie swoich dostrzeżonych błędów, aby złagodzić poczucie winy.

Przekazywanie winy
Wszelkie poczucie winy i wstydu, jakiego doświadcza ofiara, prawdopodobnie skomplikuje się ze względu na nasilony atak na jej tożsamość, pozostawiając ją niepewną, jakie działania lub decyzje doprowadziły ją do przekonania, że się

popełniła, i zamiast tego wierzy, że musi ponieść odpowiedzialność. Gdy tylko sprawca dostrzeże, że istnieje w nim poczucie winy, wykorzystuje je dla siebie, zazwyczaj przekonując ofiarę, że prowadziła życie pełne złych decyzji i ideologii; sugerując zamiast tego, że otwierają się na nowe perspektywy, aby się zmienić.

Logiczne zniesławienie Ofiara często wierzy, że jej wina wynika z ideologii narzuconych z zewnątrz; nauczyciele i ideologie stają się celem obwiniania, zamiast dostrzegać w tym jakąkolwiek manipulację. Zeznania stają się jednym ze sposobów łagodzenia poczucia winy, ponieważ jednostka mentalnie odrzuca wszelkie czyny popełnione w ramach tych „niewłaściwych" ideologii – w ten sposób symbolicznie dystansując się od nich i w ten sposób całkowicie dyskredytując postrzeganie błędnej ideologii.

Postęp i harmonia
Odrzucenie starych ideologii stwarza szansę na pojawienie się postępu i harmonii, ponieważ przeciwnicy muszą teraz szukać alternatywnych poglądów, aby je zastąpić. Jeśli te wydają się kompatybilne i dostosowane do ich potrzeb, proces znacznie przyspiesza, zapewniając na swoim miejscu spokój. W tym momencie panuje spokój, który zastępuje wszelki dyskomfort.
Za karę schwytani zostali nagle potraktowani jak bohaterowie, a osoby o dobrym sercu zostały zaakceptowane jako substytuty, mające zastąpić grzeszne idee w ich starej ideologii.

Ostateczne przyjęcie i odrodzenie

Gdy tylko napotkały wyraźny kontrast między przeszłym bólem a przyszłymi obietnicami, jakie daje ich nowa ideologia, ofiara całkowicie porzuciła wszelkie wierność starej ideologii, ujawniając wszelkie pozostałe tajemnice; w tym momencie przejęli pełną odpowiedzialność za swoją nową ideologię.

Odrodzenie odnosi się do tego procesu i, w zależności od ideologii, może obejmować rytuały przejścia, które całkowicie zamykają człowieka w nowym porządku. Mogą one obejmować głośne oświadczenia wyrażające akceptację nowych ideologii i przysięganie wierności nowym przywódcom.
Pranie mózgu: badanie jego wpływu

Jak wyjaśniono wcześniej, pranie mózgu polega na zmianie wzorców myślenia, przekonań i postaw danej osoby w celu kontrolowania jej zachowania i uzyskania nad nim kontroli. Praktyka ta często ma miejsce na korzyść manipulatorów, ale może mieć niszczycielskie konsekwencje; Pranie mózgu może mieć różne formy wpływu, takie jak:

Pranie mózgu ma niszczycielski wpływ na poczucie własnej wartości ofiary. Czują, że nie dorównują sobie i że nic, co robią, nie jest wystarczająco dobre, co prowadzi ich na ścieżkę samobójstwa lub depresji.

Zaburzenia lękowe – ktoś poddawany praniu mózgu często traci poczucie tożsamości i zostaje odizolowany od najbliższych. Zmuszone do zmiany tego, kim były wcześniej, ofiary stale pragną, aby nie zrobić czegoś złego, i mogą rozwinąć się w nich zaburzenia lękowe, które wpływają na zachowania zewnętrzne.

Depresja — ofiary poddane praniu mózgu mają tendencję do izolowania się od bliskich i szerszego świata, skupiając się wyłącznie na zadowoleniu oprawcy i otrzymaniu w zamian wszelkiej życzliwości, jaką oferuje. Jeśli nie ma z kim porozmawiać, a wszyscy wokół ignorują swoje uczucia, może pojawić się depresja, utrudniająca relacje z innymi.

Brak poczucia własnej wartości — Ciągłe znęcanie się i krytyka ze strony prześladowcy wystarczą, aby ofiara uwierzyła, że nie jest nic warta, i zaczęła obawiać się podejmowania jakichkolwiek decyzji, ponieważ nauczono ją, że jest niegodna.

Życie w strachu – Osoby prające mózgi stosują taktykę strachu, aby wpłynąć na swoje ofiary, wzbudzając w nich strach, że coś złego czeka za rogiem i że życie w ogóle jest niebezpieczne i nieprzyjazne. Ofiara żyje w ciągłym strachu, że każda osoba może stanowić zagrożenie, jeśli wyjdzie na zewnątrz, podczas gdy prześladowcy grożą konsekwencjami wobec ofiary, jeśli nie zrobi ona tego, czego od niej oczekuje. Zmiana przekonań – głównym celem porywacza jest kształtowanie przekonań ofiar w taki sposób, aby kontrolować ich zachowanie i trzymać je pod kontrolą. Nieważne, czy ich wiara była etyczna; dopóki kłóciło się to z jego ideologią lub przekonaniami, nie było wystarczająco dobre.

W zależności od zamiarów porywacza lub agresora pranie mózgu ma różny wpływ na ofiary w zależności od jego zastosowania. Dlatego istotne jest zidentyfikowanie technik i sztuczek stosowanych przez potencjalnych przestępców, aby uniknąć padnięcia ofiarą technik prania mózgu stosowanych przez praktyków Ciemnej Psychologii. Poniżej znajduje się kilka takich technik powszechnie spotykanych podczas sesji Mrocznej Psychologii.

Pranie mózgu ma miejsce, gdy jednostki lub grupy stosują podstępne taktyki, aby wpłynąć na innych i przekonać ich wbrew ich woli do zmiany przekonań bez ich zgody, często stosując techniki psychologiczne, takie jak mroczna psychologia. Techniki wywierania wpływu i perswazji stosowane wbrew ich woli są również znane jako taktyki prania mózgu, ponieważ obejmują podstępne taktyki stosowane przez osobę lub grupę w celu dokonania prania mózgu innej osoby. Chociaż ludzie doświadczają perswazji na co dzień, gdy staje się to wymuszoną zmianą bez zgody, staje się to praniem mózgu i zaczyna się przeciwko nim stosować taktyki ciemnej psychologii. Może to obejmować dowolną liczbę taktyk stosowanych przeciwko ofiarom przez różne strony, które obejmują:

Izolacja – początkowy etap prania mózgu zwykle polega na odizolowaniu ofiary od rodziny i przyjaciół. Izolując je całkowicie od społeczeństwa, manipulator chce, aby jego ofiara nie miała nikogo, z kim mogłaby porozmawiać o swoich taktykach manipulacji; w przeciwnym razie ich autorytet zostałby zakwestionowany przez osoby trzecie, przekazując przeciwnikowi więcej informacji z różnych źródeł niż oni sami.

Atak poczucia własnej wartości – kiedy ofiary są odizolowane, manipulatorom łatwiej jest je zburzyć i odbudować na nowo, zgodnie ze swoimi pragnieniami. Aby jednak pranie mózgu zakończyło się sukcesem, ofiary muszą najpierw poczuć się gorsze od manipulatora, co często wiąże się z wyśmiewaniem, zastraszaniem lub kpiną ze strony tego ostatniego, co jeszcze bardziej zmniejsza poczucie własnej wartości ofiar, które czują się całkowicie bezbronne, zanim same staną się ofiarami.

Znęcanie się psychiczne — manipulatorzy często stosują tortury psychologiczne w celu prania mózgu swoich ofiar, na przykład kłamią na ich temat przed innymi, aby wyjść na głupców, a także zadręczają ofiary lub pozbawiają je jakiejkolwiek przestrzeni osobistej, tak aby poczuły się przez nie uwięzione .

Przemoc fizyczna – Manipulatorzy stosują różne metody fizyczne, aby ujarzmić swoje ofiary i wpłynąć na nie, w tym pozbawiając je pożywienia lub dostępu do źródeł wody. Manipulatorzy często okradają swoje ofiary ze snu, stosując wobec nich przemoc, pozbawiając je jedzenia i utrzymując chłód w pomieszczeniu. Manipulator może również stosować subtelne sposoby prania mózgu swoich ofiar; takie jak utrzymywanie podwyższonego poziomu hałasu, ciągłe migotanie świateł lub celowa zmiana temperatury w pomieszczeniu.

Powtarzalna muzyka – według badań powtarzające się rytmy mogą wywołać u ludzi stan hipnotyczny. Manipulator, który rozumie tę technikę, może zastosować tę taktykę przeciwko swojej ofierze. Rytm muzyki może zmieniać świadomość, dopóki manipulator nie zastosuje tej taktyki i nie przemówi bezpośrednio do Twojej podświadomości, co doprowadzi Twój mózg do natychmiastowej reakcji nowymi sugestiami, co automatycznie zmieni zachowanie.

Kontakt jest dozwolony wyłącznie z innymi osobami poddanymi praniu mózgu - Manipulator pozwala swojej ofierze jedynie na kontakt z innymi ofiarami swojej kampanii manipulacyjnej, mając nadzieję, że presja ze strony innych ofiar przekona go do poddania się nowemu sposobowi myślenia. Czując się samotna i odizolowana, ofiary mają tendencję do słuchania sugestii innych, aby czuć się akceptowane i mniej samotne.

My kontra Oni – kiedy manipulatorzy wprowadzają dynamikę My i Oni, wydaje się, że dają ofierze wybór między sobą a postrzeganymi wrogami; wszystko po to, aby uzyskać od nich całkowite posłuszeństwo. Manipulatorzy, pokazując negatywne aspekty innych, oczekują, że ich ofiara wybierze siebie zamiast wybierać innych zamiast siebie.

Bombardowanie miłością – dzięki tej taktyce manipulator przyciąga ofiarę bliżej, okazując fizyczne uczucia poprzez dotykanie, wymianę intymnych myśli, tworzenie więzi emocjonalnej i okazywanie życzliwości – ta taktyka służy do utwierdzenia ofiary w przekonaniu, że dołączenie do jej grupy było słuszną decyzją, wymazując wszelkie uczucia, jakie mogą żywić do kogokolwiek na zewnątrz.

Pranie mózgu rzadko służy większemu dobru. Większość manipulatorów stosuje taką taktykę, aby uzyskać pełną i całkowitą kontrolę nad swoimi ofiarami.
Pranie mózgu może mieć druzgocące skutki dla jego ofiar. Szybko tracą poczucie siebie i żyją, by zadowolić swojego prześladowcę; proste rzeczy, które uważamy za oczywiste, takie jak wybór tego, w co i kiedy się ubrać, są z nich odbierane; wszelkie decyzje, które w przeciwnym razie podejmowaliby, są im odbierane - a wszystko to po to, aby manipulator poczuł się niegodny i wdzięczny, że zdobył ich przychylność.

Pierwszym krokiem w unikaniu prania mózgu jest uświadomienie sobie taktyki stosowanej przez manipulatorów i ich cech, aby rozpoznać, kiedy ktoś próbuje poddać Cię praniu mózgu Tobie lub komuś bliskiemu. Pranie mózgu to agresywna forma mrocznej psychologii, w której manipulator stosuje tę taktykę dla osobistych korzyści, ignorując uczucia i dobre samopoczucie ofiary.

Teraz, gdy już rozumiesz wszystkie sposoby, w jakie inni wyrządzili Ci krzywdę, czas wykorzystać tę wiedzę i wykorzystać ją w dobrym celu. Bez względu na to, co w przeszłości myślałeś o swoim mózgu i zdolnościach, teraz zdajesz sobie sprawę, że posiadasz niesamowitą moc, która została ci dana przy urodzeniu – zdolności, które mogą, ale nie muszą, być łatwo wykorzystane. Niektórzy mogą mieć trudności z uporaniem się z tym, kim naprawdę są i jakie są ich cele w życiu, i to jest całkowicie w porządku; zbytnie staranie się może ograniczyć nasze myślenie i uniemożliwić pojawienie się nowych spostrzeżeń. Bez względu na to, jak inni sprawili, że się czujesz w przeszłości, ich działania nie definiują tego, kim jesteś dzisiaj. Wyciągaj wnioski ze swojej historii, pozostając wiernym temu, kim i skąd pochodzisz. Pozbądź się wszelkich zranień, które poczułeś, abyś mógł rozpocząć leczenie i podążać w bardziej pozytywnym kierunku.

Upewnij się, że poświęcasz wystarczająco dużo czasu na dobre poznanie ludzi, bez robienia założeń na ich temat. Im lepiej zrozumiesz, kim naprawdę są ludzie, tym łatwiej będzie ci wywrzeć na nich pozytywny wpływ. Nawet jeśli czujesz się zagubiony i zdezorientowany, kopanie do wewnątrz lub na zewnątrz może ujawnić bardziej znaczące prawdy; zbyt szybkie przyjmowanie założeń lub etykietowanie ludzi tylko ograniczy Twoją zdolność do rozwoju i lepszego zrozumienia świata.

Komunikacja będzie kluczowa. Choć może to być przerażające i trudne, mówienie prawdy ostatecznie okaże się korzystne w skuteczniejszym znalezieniu rozwiązań problemów.
W ostatecznym rozrachunku mówienie i dzielenie się swoją prawdą sprawi, że poczujesz się znacznie lepiej – zarówno ty, jak i inni, odniesiecie korzyść, gdy usłyszycie, co leży na sercu i umyśle. Nie próbuj przekonywać w inny sposób niż komunikacja. Nie odmawiaj niczego nikomu, kto może czegoś potrzebować; manipulowanie innymi w ten sposób nie przybliży się do osiągnięcia trwałej zmiany w porównaniu z omawianiem różnych kwestii w drodze dialogu i omawianiem wszystkiego z inną osobą.

Nadszedł czas, aby dobrze wykorzystać cały ból, którego doświadczyłeś. Wszystko doprowadziło do tego, gdzie jesteś dzisiaj, minęły najciemniejsze chwile, które wydawały się nie mieć końca, a wszystkie te chwile, kiedy nie chciałeś niczego innego, jak tylko uciec, doprowadziły cię tu, gdzie jesteś dzisiaj. Chociaż możesz nigdy więcej nie chcieć powtarzać tych doświadczeń, naucz się być za nie wdzięcznym, ponieważ bez nich twoja przyszłość prawdopodobnie wyglądałaby zupełnie inaczej i mniej korzystna dla innych.

Nadszedł czas, aby zrobić to, czego prawdopodobnie pragniesz najbardziej – wpłynąć na innych! W dzisiejszym społeczeństwie perswazja jest kluczowa, a brak przekonania pewnych osób może uniemożliwić ci realizację tego, czego naprawdę pragniesz w tym życiu. Dlatego też dowiedzenie się, kogo chcesz przekonać, ma ogromne znaczenie – niezależnie od tego, czy będzie to przekonanie męża, że jesteś gotowa na dzieci, czy przekonanie całego 100-osobowego zespołu sprzedaży o znaczeniu większego nacisku na zwiększenie sprzedaży; Zrozumienie ich zaczyna się od zapoznania się z nimi, kim są i ich stylu działania, a następnie skontaktowania się z nimi bezpośrednio i wypróbowania ich osobiście!

Na tym etapie istotne jest, aby najpierw poznać ich pochodzenie: wiek, tożsamość płciowa i lokalizacja to tylko kilka pytań, na które należy zwrócić uwagę podczas tworzenia strategii perswazji odpowiadających Twoim zainteresowaniom. Udzielając trafnych odpowiedzi na takie pytania, tworzenie strategii perswazji staje się znacznie prostsze.

Pewne różnice będą odgrywać w tej sytuacji zasadniczą rolę. Na przykład zwracanie się do 18-letniego chłopaka za 20 dolarów znacznie różni się od zadawania tego samego pytania 80-letniej babci. Aby skutecznie przekonać ludzi, ważne jest, aby zrozumieć zarówno to, co ich ogólnie charakteryzuje, jak i ich unikalne cechy indywidualne, takie jak te, które składają się na cechy osobowości.

Kiedy już zrozumiesz ich zainteresowania i to, co ich uszczęśliwia, następnym krokiem powinna być ocena, co w razie potrzeby zachęciłoby do sprzedaży – na przykład rabaty, gratisy lub inne nagrody za bycie klientami.

Kiedy już zrozumiesz, co im się podoba, a czego nie, następnym krokiem powinno być zidentyfikowanie tego, czego nie lubią – na przykład długiego czasu zwrotu po zakupie, ukrytych opłat lub braku możliwości dostosowania produktów. Po zidentyfikowaniu odpowiednie działanie staje się proste; kiedykolwiek coś ich urazi, jako rozwiązanie podaj coś, co im się podoba; chociaż wydaje się to oczywiste, wiele osób próbujących wpłynąć na innych przeoczy ten krok.

Na koniec upewnij się, że zwracasz uwagę na to, jak komunikują się inni. Rozumiejąc tę dynamikę, znacznie łatwiej będzie wyrazić je w ten sam sposób. Zawsze słuchaj, co mówi druga osoba i zapewniaj jej platformę do wypowiedzenia się. Kiedy dzielą się z Tobą informacjami, zwracaj uwagę nie tylko na to, jakich słów używają, ale także na ich twarz. Jeśli ktoś czuje, że jest ignorowany, może się odwrócić i na dłuższą metę jest o wiele mniej prawdopodobne, że da się przekonać – w następnej sekcji omówimy bliżej ten temat i pokażemy, jak najlepiej wspierać zdrowe interakcje w życiu.

Zrozumienie podstaw komunikacji

Komunikacja może być wyzwaniem dla każdego z nas. Na pierwszy rzut oka może się to wydawać łatwe – wystarczy otworzyć usta i zacząć mówić – ale wiele osób ma trudności z wyrażeniem swoich uczuć samymi słowami, nawet jeśli sami tego doświadczają. Ale im skuteczniejsza stanie się komunikacja w życiu, tym łatwiejsze stanie się życie i szczęśliwsze będą wynikające z tego rezultaty.

Aby poprawić swoje umiejętności komunikacyjne, pamiętaj, że ich doskonalenie wymaga praktyki. Nie ma magicznej pigułki ani sekretnego sposobu na natychmiastową poprawę - aby stać się lepszym, musisz stale wchodzić w interakcję z innymi ludźmi poprzez rozmowy - czy to z baristami w kawiarniach, czy z nieznajomymi na przystankach autobusowych, na początku najlepiej jest rozpoczynać krótkie rozmowy - nie Nie przeszkadzaj jednak innym ludziom, po prostu poszukaj sposobów, w jakie możesz wyrazić swój głos poza standardowym pytaniem „Jak się masz?".

Upewnij się, że skutecznie komunikujesz sobie swoje uczucia. Nawet gdy jesteśmy sami, czasami nasze emocje nadal nie mają dla nas pełnego sensu. Jeśli to konieczne, zacznij codziennie zapisywać swoje emocje; im bardziej potrafisz je przepracować samodzielnie, zapisując pojawiające się emocje, tym łatwiej będzie Ci samodzielnie nimi zarządzać i skutecznie dzielić się nimi z innymi.

Kiedy zaczynasz przekonywać innych, uważaj na słowa. Nie zmuszaj nikogo do niczego ani nie stawiaj go w sytuacji, w której czuje się bezsilny, aby się powstrzymać – unikaj zwrotów takich jak „Powinieneś to zrobić". Nikt nie lubi, gdy mu się mówi, co ma robić!
Mówienie najpierw o sobie może wydawać się sprzeczne z intuicją, ale ludzie zareagują bardziej pozytywnie, wybierając przykłady, zamiast słuchać, jak bezpośrednio dyktujesz im zachowanie. Załóżmy na przykład, że chcesz przekonać współmałżonka, aby zaczął wcześniej wstawać, aby zmniejszyć stres związany z codziennymi spóźnieniami; zamiast mówić coś w stylu: „Powinieneś wstać wcześniej", możesz zamiast tego powiedzieć: „Zaczynając wcześniej, odkryłem, że mniejszy stres w godzinach porannych w drodze do pracy dzięki wcześniejszemu wstawaniu znacznie zmniejszyło u mnie poziom stresu i pomogło zmniejszyć mój poranny stresor przed pracą!"

Jeśli pozwolisz innym uwierzyć, że Twój pomysł jest ich, zapewnisz większą wiarygodność perswazji; ludzie lubią mieć poczucie, że sami to wymyślili, zamiast być zmuszani do zaakceptowania czegoś wbrew swojej woli. Pozwól im przepracować to samodzielnie, aby mogli sami ocenić zalety i wady – w ten sposób stworzysz skuteczniejszą perswazję, zamiast narzucać im coś na siłę.

Następnie zachowaj szczególną ostrożność zarówno nad swoim tonem, jak i mową ciała, tworząc środowisko, w którym czują się swobodnie, gdy są w pobliżu. Okazywanie życzliwości, miłości i współczucia pozwoli im na lepsze relacje z Tobą; nie czuj się zmuszony do stosowania sztywnych i ostrych strategii komunikacji tylko po to, aby ludzie robili to, co chcesz – zamiast tego staraj się być miły i delikatny, a zareagują lepiej!

Wreszcie upewnij się, że traktujesz tych, na których próbujesz wpłynąć, z szacunkiem. Nie pozwól, aby poczuli się zawstydzeni lub zawstydzeni w Twojej obecności, jeśli powiedzą coś głupiego; zamiast tego zbuduj ich, a oni odwdzięczą się tego rodzaju życzliwością.
Jak zamienić negatywną manipulację w pozytywną perswazję

Teraz powinieneś być ekspertem w zakresie psychologii na poziomie podstawowym! Wszystko zaczyna się w naszym umyśle i u każdego objawia się inaczej. Aby naprawdę osiągnąć w tym życiu to, czego pragniesz, niezwykle ważne jest, abyś zaczął poznawać innych ludzi i sposób, w jaki działają ich mózgi. w przeciwnym razie ryzykujesz poniesieniem w odpowiednim czasie nieodwracalnych szkód.

Weź wszystkie techniki manipulacyjne, których nauczyłeś się w przeszłości i wykorzystaj je teraz na dobre. Ucz się na swoich negatywnych doświadczeniach, aby móc je wykorzystać jako naukę, jak nie traktować innych. Aby zamienić negatywną manipulację w pozytywną perswazję, zacznij od posiadania dobrych intencji kryjących się za tym, na co chcesz, aby inni się zgodzili – ostatecznym celem wszelkich negocjacji między wami powinno być coś wzajemnie korzystnego dla obu stron. Słuchaj uważnie, rozmawiając z innymi osobami na temat ich potrzeb, aby osiągnąć porozumienie, w którym obie strony będą mogły uzyskać pozytywne korzyści w zamian od obu zaangażowanych stron - w ten sposób obie strony odniosą korzyści w postaci pozytywnych korzyści jednocześnie!

Upewnij się, że przedkładasz zaspokajanie potrzeb innych nad własne. Oczywiście, najpierw ważne jest dbanie o siebie, ale nieświadomość tego, co czują inni, na dłuższą metę nie będzie nikomu dobrze służyć.

Influencerzy są liderami. Jeśli masz dobre pomysły, które chcesz przekazać innym ludziom i chcesz, aby skorzystali z tego, co wiesz, konieczne jest rozwijanie i doskonalenie pozytywnych zdolności przywódczych.

Innych nie należy postrzegać wyłącznie jako swoich narzędzi. Inni mogą pomóc, ale Ty też musisz im pomóc. Świetny przywódca wie, jak motywować innych, nie narzucając im woli; innymi słowy, zapewnienie czegoś korzystnego w zamian. Chociaż możesz znaleźć osobę chętną do pomocy w osiągnięciu Twoich marzeń, uważaj, aby nie wiązało się to z żadnymi kosztami ani korzyściami dla nich samych lub dla Ciebie. Twoje przekonania również muszą być częścią tej podróży, jeśli chcesz osiągnąć coś znaczącego w życiu. Dopasuj się i skoncentruj ich wokół tego systemu, a Twój sukces będzie pewny!

Rozmawiając z innymi, pamiętaj o używaniu języka włączającego, używaniu języka „my" i pewności siebie. Prawdopodobnie zwrócą większą uwagę, jeśli sami zostaną włączeni do tego procesu.

Na tym etapie rozwoju kluczowym elementem jest nastawienie na rozwój. Ograniczanie myśli prowadzi do tego, że uświadamiamy sobie mniejszy potencjał życiowy, dlatego bądź na bieżąco z badaniami związanymi z perswazją, manipulacją i psychologią w ogóle, a także zapisz się na newslettery lub czasopisma dotyczące ludzkiego mózgu, aby uzyskać głębszy wgląd w jego działanie.

Regularnie sprawdzaj swoje zdrowie. Zaniedbanie o wszystkie aspekty siebie może poważnie zagrozić funkcjonowaniu umysłu w miarę starzenia się, dlatego teraz jest czas, aby odpowiednio przygotować umysł. Ćwicz utrzymywanie otwartej perspektywy i uważne słuchanie podczas komunikowania się z innymi; kontynuuj naukę, ponieważ im więcej wiedzy zbierzesz, tym więcej będziesz jeszcze do odkrycia.

Nigdy też nie używaj agresji i perswazji. Chociaż strach może tymczasowo skłonić ludzi do zrobienia tego, czego chcesz, długoterminowego szacunku nigdy nie należy zdobywać wyłącznie metodami strachu. Okaż swoje współczucie i pełniej zrozum innych, aby słuchali uważniej, gdy dzielą się tym, co myślą.

Analizując inną osobę, kluczowa jest mowa ciała. Czy są wysocy czy opadnięci? Obserwacja czyichś oczu, twarzy i ramion może ujawnić wiele na temat tego, kim naprawdę są – na przykład możesz zauważyć, że ktoś, kto wydaje się pewny siebie, w rzeczywistości cierpi na niepokój, jeśli zaczniesz zwracać na niego uwagę. Możesz także odkryć, że ktoś, komu ufałeś, okłamywał Cię!

Odkrycie, co odróżnia kogoś od innych i zrozumienie, dlaczego zachowuje się w określony sposób, może być trudne, ale w końcu zaczniesz mieć lepszy wgląd w to, dlaczego ktoś zachowuje się w ten sposób. Chociaż nigdy nie można w pełni zrozumieć dwóch osób, możesz przynajmniej zacząć rozumieć, dlaczego niektórzy zachowują się tak, a nie inaczej.

Gdy już uda Ci się kogoś przeanalizować, następnym krokiem powinno być przekonanie go do swoich punktów widzenia i żądań. Perswazja jest kluczem, gdy próbujesz uzyskać od życia to, czego chcesz lub przynajmniej na to zasługujesz; tak jak omawialiśmy w pierwszej książce, czytanie nic nie da bez podjęcia działań – chociaż uświadomienie sobie siebie może na początku być zniechęcające, ten krok jest niezbędny, aby stać się świadomym innych wokół siebie i stać się skutecznymi komunikatorami.

Ludzie często ślepo podążają za innymi, nigdy nie wchodząc głębiej w siebie, nie kwestionując swoich myśli i nie podejmując w tym celu uczciwego wysiłku. Choć na pierwszy rzut oka może to być trudne, niezwykle ważne jest, abyśmy zbadali naszą psychikę, aby żyć szczęśliwszym i zdrowszym życiem.

Przypomnij sobie, że pozwalanie innym na wpływanie na Ciebie jest nadal zdrowe i normalne! Pomyśl o wszystkich wielkich liderach na całym świecie, którzy mogli zainspirować innych, inspirując pozytywną pasję i motywację u tych, którym przewodzą – wielu zrobiło to właśnie z myślą o Tobie!
Nikt nie jest winny, jeśli ulegnie wpływowi innych; teraz będzie miało znaczenie to, czy ten wpływ będzie miał formę pozytywnej i podnoszącej na duchu inspiracji, a nie manipulacji ze strony kogoś, kto chce cię skrzywdzić.

Kierując się życiem, pamiętaj o tym jako o kluczowym celu: zawsze używaj mózgu w dobrym celu! Chociaż czasami może to być trudne, zawsze jest to lepsze rozwiązanie. Nawet jeśli ktoś łatwo manipuluje, nie wykorzystuj takich okazji, aby kimś manipulować. Choć może się to wydawać ich winą za brak większej świadomości, nigdy tak nie zakładaj; niektóre osoby doświadczyły rzeczy, które sprawiły, że uwolnienie się od starych wzorców było większym wyzwaniem i znalezienie zdrowszych rozwiązań radzenia sobie z emocjami i myślami.

Zawsze pomagaj innym, a nie szkodź im. Nawet ci, którzy mogli cię skrzywdzić w przeszłości, nie powinni stać się celem twojego gniewu; wykorzystaj swoją inteligencję w dobrym celu, pomagając uczynić świat lepszym miejscem dzięki zdrowemu wpływowi, a wkrótce odkryjesz, że wszystko, czego kiedykolwiek pragnąłeś, spełni się.

Wszyscy osiągają sukces Zacznij od mózgu

Indywidualny analizator lub czytelnik może szybko rozszyfrować osobowość danej osoby na podstawie różnych cech, w tym tego, co robi w wolnym czasie. Na przykład uczestnictwo w akcjach społecznych, działaniach wolontariackich i wspieraniu inicjatyw kościelnych może ujawnić, że mają one charakter filantropijny. Z drugiej strony niekończące się imprezowanie lub oglądanie telewizji może wskazywać na niskie ambicje i natychmiastową satysfakcję; nawet pozornie trywialne nawyki ujawniają wiele o tym, kim naprawdę są ludzie.
Jak psychologia wpływa na nasze życie

Psychologowie nie są zgodni co do tego, czy o naszym zachowaniu decyduje wyłącznie genetyka, czy dziedziczność; inni uważają, że nasze doświadczenia od urodzenia są kluczowymi czynnikami. Inni uważają, że nasze bezpośrednie otoczenie lub doświadczenia kształtują nasze zachowanie – na przykład, jeśli ktoś doświadcza ciągłej przemocy, w rezultacie jego zachowanie może się zmienić. Na przykład, jeśli dana osoba stale doświadcza przemocy, jej zachowanie może się odpowiednio zmienić;
Gdy dorosną i doświadczą marginalizacji i rasizmu ze względu na swoją klasę lub rasę, mogą zacząć gardzić bogatszymi ludźmi lub pozornie wyższymi rasami, jednocześnie sympatyzując z uciskanymi.

Podobnie dzieci, które w dzieciństwie doświadczają ciągłego znęcania się, molestowania lub wiktymizacji, mogą wyrosnąć na same prześladowcy. Ich światopogląd, wartości, osobowość i postawa prawdopodobnie zostały ukształtowane przez takie wczesne doświadczenia przemocy i molestowania we wczesnym życiu.

Czy spotkałeś ludzi, którzy wydają się być zainteresowani odczytywaniem swojej osobowości poprzez znaki zodiaku lub astrologię? Czy nie jest to oznaką niskiej samoświadomości i zrozumienia? Na przykład ludzie mają tendencję do skupiania się na rzeczach, których bardzo im brakuje; Osoba pozbawiona odpowiedniej opieki rodzicielskiej we wczesnym dzieciństwie lub w wieku nastolatka może stać się osobą, która w wieku dorosłym lubi dramaty i strategie zwracania na siebie uwagi, być może z czasem stając się coraz bardziej dramatyczna i efektowna.

Osoby analizujące ludzi powinny zwracać uwagę na subtelne sygnały, które mogą zdradzić, kim naprawdę jest dana osoba. Wokół nas można znaleźć mnóstwo znaków; Jedyne, co musisz zrobić jako analityk, to zwracać na to uwagę.
My

Nasz umysł można podzielić na trzy odrębne warstwy – umysł świadomy, umysł podświadomy i umysł nieświadomy. Podczas gdy świadoma świadomość obejmuje myśli, działania, naukę i doświadczenia pochodzące wyłącznie ze świadomej świadomości, podświadome i nieświadome umysły to obszary w umyśle, które mogą zawierać informacje, z których istnienia nie zdajemy sobie sprawy; poprzez świadomą świadomość umysłu zyskujemy świadomość wszystkich spostrzeżeń, uczuć, koncepcji i idei zebranych z naszego bezpośredniego otoczenia, które w przeciwnym razie mogłyby pozostać dla nas niewidoczne lub nieznane.

Jeśli jednak chodzi o umysły podświadome i nieświadome, zazwyczaj mamy bardzo ograniczoną świadomość wszystkich przechowywanych w nich myśli, pomysłów, koncepcji i informacji. Nasz świadomy umysł pokazuje tylko część swojej złożoności; pod jego powierzchnią znajduje się wiele warstw, które wpływają na naszą osobowość i zachowanie bez naszej świadomości.

Jeśli chcesz zostać skutecznym analitykiem ludzi, zacznij od siebie. Oceń, ile wiesz lub jak dobrze rozumiesz siebie lub swoją własną osobowość lub wzorce zachowań, w tym wszelkie czynniki wyzwalające Twoje zachowania – jakie przekonania, lęki, motywatory lub wartości mogą napędzać takie zachowanie?

Kiedy już zrozumiesz siebie oraz różne osobowości i zachowania, zacznij poznawać osobowości i zachowania bliskich przyjaciół i członków rodziny. Po zakończeniu tego kroku staraj się zrozumieć nieznajomych, np. tych, których widzisz czekając w przychodniach lekarskich lub na lotniskach, a także tych, których spotykasz po raz pierwszy na imprezach lub podczas codziennych interakcji - kontynuuj ćwiczenie tej umiejętności, aż stanie się ona naturalna i zaczniesz czytać ludzie szybko i skutecznie pokochają eksperta!

Emocje i zachowania ludzkie

Emocje to ulotne doświadczenia, które mamy w ramach aktywności umysłowej. Chociaż emocje mogą początkowo wydawać się racjonalne lub logiczne, czasami nasze reakcje pozostają emocjonalne pomimo dowodów wskazujących na to, że przyjacielowi grożono lub oskarżano. Na przykład nawet wtedy, gdy przedstawiono mu dowody niewłaściwego postępowania.
Nawet jeśli ktoś zdradzi nas za naszymi plecami, pozostajemy mu lojalni i bardziej mu ufamy.

Jako ludzie mamy tendencję do działania pod wpływem impulsu, a nie rozumowania. Na zachowania ludzi duży wpływ mają emocje. Zrozumienie ich daje nam moc

zrozumienia i przewidywania ich działań, cech osobowości i wzorców zachowań.
Teorie psychologiczne
Warunkowanie klasyczne to szeroko rozpowszechniona teoria psychologiczna, według
której jednostki uczą się poprzez kojarzenie pewnych zachowań z nagrodami lub
wzmocnieniami, takimi jak smakołyki. Tę samą zasadę często stosuje się podczas
szkolenia zwierząt – na przykład nagradzając psa smakołykami za każdym razem, gdy
ten aportuje piłkę! Nieuchronnie aportowanie stanie się kojarzone z przysmakami dla
Twojego zwierzaka; w końcu dowiaduje się, że aportowanie jest konieczne, jeśli chce
smakołyku!

Warunkowanie klasyczne odgrywa dużą rolę w naszym życiu jako ludzi. Od urodzenia
płacz kojarzy nam się z byciem karmionym i utrzymywanym w czystości; do
konsekwentnej nauki, aby uzyskać dobre oceny w szkole. Warunkowanie klasyczne
wpływa na każdy aspekt życia – dzieci uczą się, że płacz oznacza, że zostaną
nakarmione lub umyte; Uczniowie odkrywają, że pilna nauka skutkuje dobrymi
ocenami. Dlatego warunkowanie klasyczne pozostaje wpływowe przez całe życie: jako
jednostki uczymy się, jak reagować na określone bodźce w określony sposób – co
stanowi jeden z kluczowych wyznaczników w analizie zachowania.

Zachowanie i fizjologia człowieka.

Badania pokazują, że ludzie wykazują specyficzne reakcje fizyczne na bodźce, które
można wykorzystać jako wskaźniki podczas ich analizy. Psychologowie kryminalni
powszechnie wykorzystują tę zasadę do zrozumienia psychologii kryminalnej i tego, co
motywuje przestępców do popełniania przestępstw; Dzięki technologii biometrycznej
śledczy próbują ustalić, czy podejrzane myśli pokrywają się z czynami.

Połączenie technik psychologicznych i fizjologicznych jest potężnym narzędziem
odkrywania motywacji ludzkich zachowań. Nasze ciała wykazują specyficzne reakcje
fizjologiczne, gdy ktoś angażuje się w oszustwo lub kłamstwa, takie jak rozszerzone
źrenice, pocenie się lub inne oznaki, że mogą wprowadzać w błąd lub kłamać.
Zwiększenie tętna, zwiększenie kołatania serca, wzmożenie pocenia się i drżenie
palców występują częściej, gdy czujesz się zagrożony lub niekomfortowy.
Analizowanie ludzi przy użyciu wskazówek fizjologicznych lub niewerbalnych może
zapewnić dokładniejszą analizę; jednakże, podobnie jak w przypadku wszystkich form
analizy, nie może ona nigdy być w 100% wiarygodna.

Jednak nie wszystkie formy komunikacji są w stanie przekonać ludzi, ponieważ
niektóre mogą po prostu służyć rozrywce lub przekazywaniu informacji. Perswazja
może być również stosowana jako niesmaczny sposób manipulowania innymi; próby
przekonania innych mogą zostać nawet uznane za zachowanie odrażające. Perswazję

należy odróżnić od komunikacji, ponieważ jej przyczyną są zmiany w zachowaniu, będące skutkiem lub reakcją.

W tym artykule przyjrzymy się etapom, przez które przechodzi dana osoba, gdy zostaje przekonana. Pierwsza to komunikacja, w której odbiorca zwraca uwagę na przekazywaną treść. Następnie podejmie próbę zrozumienia wszystkich aspektów komunikacji jako całości, łącznie ze zrozumieniem tego, co mówca chce przekazać. Obejmuje to zrozumienie wniosków, jakie proponuje mówca, a także wszelkich dowodów, które mogą potwierdzać ten wniosek. Perswazja ma miejsce, gdy jednostka akceptuje lub zgadza się z tym, co jest zapewniane, i utrzymuje to zainteresowanie na tyle długo, aby zastosować się do niego. Podstawowym celem perswazji jest przyjęcie przez jednostkę lub grupę osób nowych postaw, takich jak zmiana marki płatków zbożowych w związku z nowymi informacjami lub zmiana przekonań religijnych. Teorie warunkowania Warunkowanie jest jednym z podstawowych pojęć perswazji. Warunkowanie ma na celu samodzielne przekonanie kogoś do czegoś, a nie wydawanie bezpośrednich instrukcji, takich jak posłuszeństwo.

Kondycjonowanie jest powszechnie stosowane przez reklamodawców w reklamie w celu wygenerowania pozytywnych skojarzeń między ich marką lub logo a pozytywnymi emocjami. Firmy uciekają się do reklam, które zachęcają widzów do śmiechu, wzruszeń lub wykorzystują wesołą muzykę i obrazy; po zakończeniu tych reklam ujawniają logo marki z nadzieją, że te emocje łączą się z ich produktem lub usługą.
Teoria zaszczepiania Teorię zaszczepiania często można zaobserwować w reklamach porównawczych. Zgodnie z tą koncepcją jedna ze stron dysponuje słabymi argumentami, co może spowodować zmniejszenie jej wiarygodności i tym samym sprawić, że jej odbiorcy zamiast tego wybiorą nadrzędne argumenty drugiej strony. Opowiadanie teorii transportu.

Teoria transportu narracyjnego postuluje, że postawy ludzi mogą się zmienić, gdy zanurzą się w historie. Stara się zademonstrować siłę perswazji opowieści poprzez wyjaśnienie, kiedy jednostki mogą doświadczyć transportu narracyjnego w wyniku spełnienia różnych warunków wstępnych; co więcej, transport narracji ma miejsce podczas słuchania narracji, która wywołuje pewne uczucia, takie jak empatia dla jej bohaterów.
Wyciąg z: „Jak analizować ludzi i mowę ciała dla początkujących. Zdobywanie wglądu w sekrety ciała i mózgu w celu zdobycia niezwykłych umiejętności komunikacyjnych Nastawienie NLP".

KONIEC